Cuéntame una historia

Tomo Uno

Cuéntame una historia

Tomo Uno / Arturo S. Maxwell

Dedico esta obra primeramente a mis seis hijos, quienes me inspiraron a escribir muchos de estos relatos. Y luego, a los millones de niños y niñas de todo el mundo a quienes les gusta que se les cuente una buena historia.

PUBLICACIONES INTERAMERICANAS
PACIFIC PRESS® PUBLISHING ASSOCIATION
Nampa, Idaho
Oshawa, Ontario, Canadá

EDITADO E IMPRESO POR
Publicaciones Interamericanas, división hispana de la Pacific Press® Publishing Association, P. O. Box 5353, Nampa, ID 83653, EE. UU. de N. A.

ISBN 0-8163-9988-3 OFFSET IN U.S.A.

Contenido

Indice Temático

Artistas que participaron en la ilustración de este tomo: Harry Anderson, Harry Baerg, Robert L. Berran, Fred Collins, Wm. Dolwick, Thomas Dunbebin, Arlo Greer, Russell Harlan, Joe Hennesy, Wm. M. Hutchinson, Manning de V. Lee, Vernon Nye, B. Plockhorst, Jack White y Charles Zingaro. Portada por John Steel.

Entre Nosotros

"¡Cuéntame una historia, mamá!" "¿Me contarías una historia, papá?"

Cuán a menudo los padres y las madres han oído estos pedidos, acompañados de unos grandes ojos ansiosos y expectantes, que nunca se darán por satisfechos con un No como respuesta.

¿Qué se puede hacer con respecto a esto? Nadie en el mundo podría, repentinamente, pensar en suficientes historias para todos esos pedidos.

Es por ese motivo, precisamente, que Cuéntame una historia *vio la luz. Hace muchos años, cuando dos de los hijos, entonces pequeños, del escritor Arturo Maxwell comenzaron a pedir más y más historias, éste, con el seudónimo de "El tío Arturo", comenzó a publicar historias especialmente para ellos. Así salió el primer libro, luego otro, y otro, hasta que hubo cuarenta y ocho, con un total de más de mil historias. Desde entonces, se han vendido millones de ejemplares de ellos en una veintena de idiomas.*

Ahora los editores han compilado las mejores historias en este fascinante juego de cinco tomos, ilustrados a todo color.

De esta manera se puede continuar alcanzando las nuevas generaciones de niños y niñas a medida que pasan los años.

A beneficio de quienes no conocen Cuéntame una historia *nos complacemos en informar que son historias diferentes de las que se suelen hallar en los corrientes libros de historias para niños. Son historias con un propósito, pues están designadas no solamente para entretener, sino también para formar un buen carácter; para guiar a los niños y niñas a escoger el camino bueno de la vida; para ayudarles a ser amables, honestos, honrados, obedientes y, por sobre todo, para que lleguen a amar a Dios de todo corazón.*

Los lectores pueden tener la seguridad de que cada historia es verídica. Observando a sus propios hijos, hablando con miles de niños, y leyendo las cartas recibidas de niños y niñas de todo el mundo, es como el señor Maxwell pudo escribir estas historias. Cada una de ellas contiene alguna lección moral que eleva y que mejora el carácter. Estas lecciones morales se hallan clasificadas en un índice único, en la página 7, el cual, esperamos, será de utilidad para los padres y los maestros.

LOS EDITORES

Nada alegraba tanto al señor Arturo S. Maxwell —autor de estas historias—, como el estar en la compañía de los niños.

T. K. MARTIN

ERNON
YE '48

HISTORIA **1**

El Secreto de Guillermo

—¡COMO me gustaría ser pirata! —dijo Guillermo—. Todo es tan aburrido que quisiera hacer algo diferente.

—¡Qué bueno! —dijo Teresita—. Busquemos algo interesante que hacer.

Estaban en vacaciones. La escuela había cerrado por diez días, y los niños empezaban a cansarse de sus juegos habituales. Querían algo nuevo.

—No podríamos ser piratas —agregó Teresita—, porque pronto nos arrestarían.

—Por supuesto —respondió Guillermo—; ¿pero no podemos pensar en otra cosa?

—Pensemos.

Así que pensaron y pensaron. Ninguno de los dos habló durante un rato. De repente Guillermo se puso de pie de un brinco.

—¡Ya sé! —exclamó—. Nos llamaremos la Compañía del Paquete Sorpresa. Yo seré el presidente y tú puedes ser la secretaria.

—Muy bien —dijo Teresita, dispuesta a colaborar en todo

El presidente y la secretaria de la Compañía del Paquete Sorpresa llaman a la puerta de uno de sus clientes.

V. NYE

lo que su hermano mayor sugería—, pero ¿qué vamos a hacer?

—¿Hacer? Pues, dar sorpresas a las personas.

—¿Qué clase de sorpresas?

—¡Oh!, buenas, por supuesto —contestó Guillermo—. Les haremos favores a los vecinos sin que sepan que fuimos nosotros. Creo que resultará muy divertido.

—Yo también lo creo —dijo Teresita—. ¿Qué haremos primero? Empecemos en seguida.

—Bueno. Haré una lista de cosas, y luego podemos decidir con cuál comenzar.

Guillermo buscó lápiz y papel e hizo su lista.

—Ahora, escúchame —le advirtió solemnemente—; no digas a nadie lo que estamos planeando hacer. Es un secreto.

—Claro que no —dijo Teresita—. ¿Por quién me has tomado?

Aquella misma tarde cuando la mamá regresó del pueblo puso las compras sobre la mesa de la cocina. Luego se dejó caer en una silla, miró a su alrededor y dijo con asombro: "¡Qué linda está la cocina!" Después del almuerzo había tenido que salir apresuradamente y dejar todos los platos sucios en el fregadero. Pero éstos habían desaparecido. La cocina estaba completamente limpia y cada cosa en su lugar; la mesa, lista para la cena. ¡Y hasta las ventanas habían sido limpiadas!

Todo estaba tranquilo y silencioso. No había nadie en la casa. ¿Qué persona bondadosa pudo haber hecho todo esto?

Guillermo y Teresita entraron desde el jardín. La madre les preguntó si la tía había venido durante la tarde. Guillermo dijo que no había visto a nadie. Sin embargo todo se veía como si alguien hubiera estado muy atareado en la cocina.

—¡Qué bueno! —dijo la madre—. ¡No tengo nada más que

hacer hoy y puedo tomarme un lindo descanso esta tarde! Me gustaría saber quién lo hizo.

La mamá abrió una carta que había encontrado en el suelo cuando entró. Decía:

"La Compañía del Paquete Sorpresa vino esta tarde para hacer un trabajito".

—¿Qué significa esto? —preguntó la mamá.

—Yo también quisiera saberlo —dijo Guillermo.

—Más bien cenemos —sugirió Teresita.

Y así lo hicieron.

A la mañana siguiente, los dos niños fueron a la casita de la señora Ojeda, una pobre anciana enferma que estaba en cama y de quien nadie parecía preocuparse.

El chico llevaba algo en la mano derecha y golpeó suavemente a la puerta. No hubo respuesta. Fue y miró por la ventana. La señora Ojeda estaba profundamente dormida. El niño abrió silenciosamente la puerta y entró seguido de su hermana. Cruzando el cuarto en puntillas, colocó el paquete que llevaba sobre la mesa junto a la cama y salió. En su apuro la niñita tropezó en el umbral.

—¡Teresita, ten cuidado! —susurró Guillermo.

El ruido había despertado a la anciana.

—¿Quién es? —preguntó.

Pero la puerta ya estaba cerrada, y los dos chicos escapaban tan ligero como sus piernas se lo permitían.

La señora Ojeda tomó el paquete. Había tres huevos.

—¡Qué bondad! —se dijo—. Pero ¿quién los habrá enviado?

Mirando la envoltura, leyó: "Con cariño, de la Compañía del Paquete Sorpresa".

Francisco Morelli, un compañero de escuela y amigo de Guillermo, estaba enfermo de paperas. El doctor le había ordenado quedarse en casa, y eso lo tenía muy aburrido. Desde su cama podía ver solamente un rincón del jardín rodeado por una alta tapia de ladrillos.

Una tarde miraba distraídamente por la ventana, cuando de repente vio una caja cuadrada que era lanzada sobre la pared del jardín y que se deslizaba hasta el suelo sujeta por una gruesa cuerda.

—¡Mamá, ven pronto! —llamó—. Anda a ver qué hay en el jardín.

La madre, muy sorprendida, trajo la caja, y Francisco la abrió. Adentro había cuatro paquetitos. En uno decía: "Abrir el lunes"; en el segundo: "Abrir el miércoles"; en el tercero: "Abrir el viernes"; y en el cuarto: "Abrir el domingo".

Como era lunes, Francisco abrió el primer paquete. Era una caja de pinturas. ¡Precisamente lo que él había estado deseando! Francisco creía haber visto esa caja antes, pero no sabía dónde. Dentro de la caja decía:

"Con los mejores deseos, de la Compañía del Paquete Sorpresa".

—¿Qué significa esto? —preguntó Francisco.

Nadie lo sabía.

La Compañía del Paquete Sorpresa fue descubierta en una ocasión.

Guillermo y Teresita hacían una segunda visita a la señora Ojeda. Esta vez llevaban algunas flores, además de huevos. Silenciosos como ratones, entraron, colocaron sus regalos sobre la mesa y salieron.

Los niños estaban tan ansiosos de entrar y salir sin despertar a la anciana, que ni notaron la presencia de un hombre en la pieza contigua. Era el doctor.

No bien se cerró la puerta detrás de los chicos, el doctor fue directamente a la mesa, tomó el paquete y leyó la nota:

"Con cariño, de la Compañía del Paquete Sorpresa".

—¡Ahora comprendo! Esto explica todo lo que la anciana ha estado hablando —se dijo—. Y también comprendo lo que Francisco Morelli me contó ayer.

A causa de este descubrimiento, unos pocos días después llegó una carta a casa de Guillermo y Teresita, dirigida a la Compañía del Paquete Sorpresa, en la que se invitaba a los dos niños a una comida en casa del doctor Moreno.

Los niños se divirtieron mucho en casa del mismo. Recibieron paquetes sorpresa que compensaron todo lo que ellos habían dado.

Por supuesto, los niños no podían entender cómo el doctor había descubierto su secreto; él no dijo una palabra. Todo era un delicioso misterio. Guillermo y Teresita se sentían felices. Esto era mucho mejor que ser piratas.

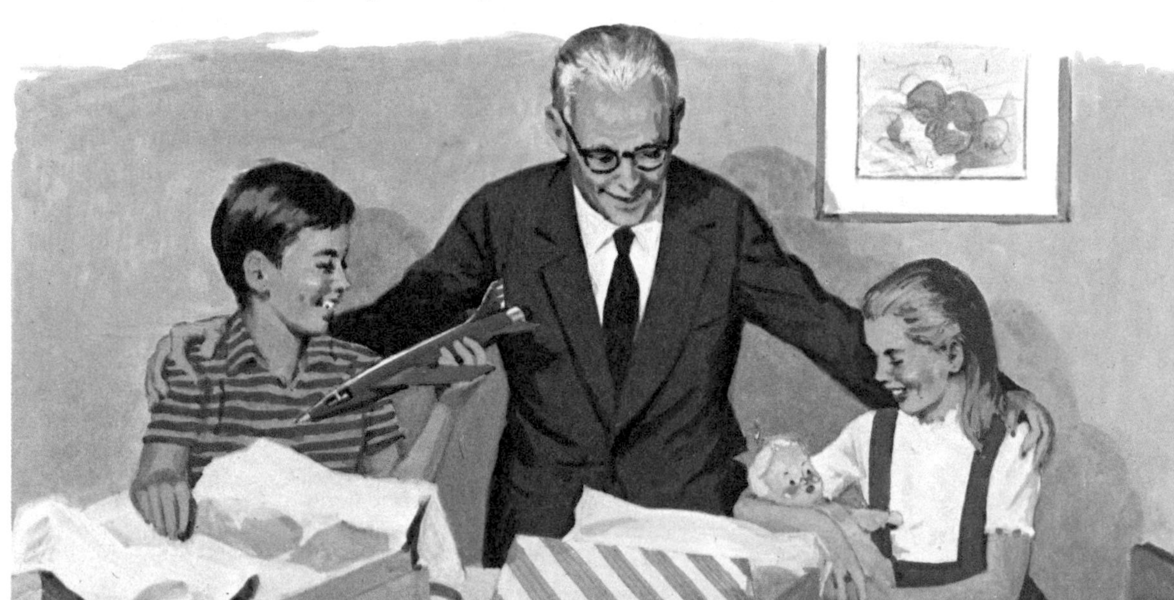

HISTORIA **2**

El Pastel Hueco

ROBERTO tenía el malísimo hábito de tomar siempre lo más grande y mejor de todo para él. Sus hermanos Carlitos y Tomás le ponían toda clase de apodos, pero parecía que a él no le importaba.

La madre también estaba muy preocupada, especialmente cuando los invitaban a alguna fiesta, porque Roberto cada vez avergonzaba a su familia por su desmedida glotonería. ¿Qué podía hacer? Ella habló sobre el asunto con su hermana, que vivía cerca.

Pocos días después los chicos quedaron encantados al recibir una invitación para comer en casa de su tía. Como recordaban los ricos pasteles que habían saboreado antes, esperaban ansiosos el día de la fiesta.

Por fin llegó la fecha tan esperada por Roberto. La mesa estaba llena de platos especiales. Pero lo que Roberto miraba con más deseos eran los bollitos, las jaleas, los pastelitos y los chocolates.

Los ojos del niño iban de un lugar a otro, paseándose en esa variedad de platos sabrosos.

—¡Oh! —pensaba—, ¡si pudiera comer yo solo todo esto!

Miró todas las cosas y decidió cuáles elegiría.

Todos se sentaron a la mesa; la comida empezó. Se sirvieron pan, papas y verduras en la forma acostumbrada, pero Roberto pronto se cansó de eso. Miraba la fuente de pasteles de fruta, uno para cada persona. Quería el más grande. ¿Llegaría a tiempo, o lo sacaría primero Carlitos?

La tía sirvió los pasteles de fruta. Carlitos y Tomás sacaron uno pequeño y lo abrieron.

—¡Qué rico relleno tienen! —pensó Roberto—. Si pudiera servirme el más grande de todos.

Por fin llegó el turno de Roberto. El pastel más grande todavía estaba ahí, y por supuesto que él lo sacó con alegría.

Pero le esperaba un chasco. Cuando lo abrió, todo el pastel se deshizo. ¡Estaba hueco!

¡Pobre Roberto! Sus ojos se llenaron de lágrimas, pero nadie pareció notar lo que le había sucedido. Comió la masa tan valientemente como pudo y no dijo nada.

Ahora era el turno de los pastelillos rellenos. Roberto pensó que, ya que había tenido que comer el pastel sin ningún relleno, esta vez podría sacar el más grande. Pero al morderlo notó que algo raro sucedía con el pastelillo. Por fuera se veía muy bien, pero por dentro era amargo.

—¿Qué pasa? —pensó Roberto. La tía era muy buena cocinera; además, las otras personas parecían no tener ningún problema.

—Esto no es justo —pensó, pero no se atrevió a decir nada por temor de que se rieran de él.

Nadie parecía notar la desdicha de Roberto, y nadie le ofreció nada para resarcirlo de su mala suerte. En realidad, los demás parecían estar disfrutando a más no dar.

Se sirvieron luego los chocolates, y para entonces Roberto estaba desesperado.

—Voy a recuperar todo lo perdido tomando aquellos dos preciosos que están en el centro —se dijo mientras retiraba de la fuente los mejores.

—¡Uf! —dijo Roberto, gimiendo y con toda la cara enrojecida por el chasco—. ¡Qué gusto horrible!

Tragándolo con dificultad, probó el otro para que le qui-

tara el mal gusto, sólo para encontrar que era peor aún.

En camino a casa Carlitos comentó con Roberto acerca de la espléndida cena que habían tenido.

—¿Espléndida? —preguntó Roberto.

—Me pareció que no estabas disfrutando de la cena —dijo Carlitos—; parecías incómodo. ¿Qué pasaba?

—¿Qué pasaba? —repitió Roberto—. Todo lo que yo sacaba era malo aunque me servía lo que me parecía mejor.

—Tal vez ésa fue la causa de la dificultad, Roberto —respondió Carlitos—. Si yo estuviera en tu lugar, la próxima vez dejaría para los otros lo más grande y de mejor aspecto.

Esa noche Roberto quedó despierto largo tiempo. Había dos razones. Una, era cierto dolor que sentía en el estómago, y la otra, el consejo que Carlitos le había dado. Después de pensar un poco decidió que lo más seguro era poner en práctica en lo futuro la sugerencia de Carlitos.

HISTORIA 3

Pedrito Paga Toda su Deuda

PEDRITO estaba pasando unos días con su abuelita. Una tarde ella le sugirió que fueran juntos a hacer compras. El niño quedó encantado. Poco después los dos se dirigían al negocio.

Al entrar al mercado fueron saludados con un alegre "Buenas tardes" por la señora Rosas, la sonriente vendedora que estaba detrás del mostrador. La abuelita se acercó para conversar con ella y comprar lo que tenía en su lista. Mientras tanto Pedrito daba vueltas mirando las mercaderías.

¡Cuántas cosas sabrosas había! En un rincón, dentro de una caja con tapa de vidrio, había pan fresco y los más tentadores bizcochos y pasteles. En un refrigerador se mantenían frescos la leche, algunos paquetes de mantequilla y queso. En los estantes podían verse diversas cajas de brillantes colores. En el centro del negocio estaban los canastos con frutas y hortalizas. Todo parecía tan sabroso y tenía tan buen olor que despertó en Pedrito un hambre tremenda.

Seguramente ustedes saben cómo se siente un niño de cinco años después de una larga caminata, especialmente al entrar en un almacén lleno de ricos alimentos. Bueno, sucede

La tentación de Pedrito de comer moras le trajo problemas, y le enseñó una lección que jamás olvidó.

W. DOLWICK

 que en ese momento, Pedrito se sentía precisamente así.

Daba la casualidad que entre los canastos de frutas había varios llenos de grandes y deliciosas moras. ¡Y cómo le gustaban a Pedrito las moras! Nunca se satisfacía comiéndolas y ahora estaban allí, frente a él, en cantidad como jamás había visto.

Estiró la mano para tomar una, pero una vocecita dentro de él pareció decirle: "No, Pedrito; no lo hagas; eso sería robar". Las moras, sin embargo, se veían tan deliciosas que le pareció que *debía* tomar una. Después de todo, pensó, había tantas, tantas moras, que nadie jamás notaría si sacaba sólo una.

Así que Pedrito no escuchó a su conciencia. Alargó la mano y sacó una mora. Estaba tan rica que decidió tomar otra. ¡Qué dulces eran!

Por entonces, viendo que no había tantas en el canasto como antes, sacó una de otro canasto. Y otra. En verdad se estaba dando una verdadera fiesta de moras cuando oyó una voz familiar que venía del otro extremo del almacén.

—¡Pedrito! ¡Pedrito! ¿Dónde estás? —llamaba la abuela.

—Aquí estoy, abuelita —contestó Pedrito, limpiándose las manos en los pantalones y apresurándose a salir de entre los canastos.

—Vamos, querido —dijo la anciana—. Estamos listos para ir a casa ahora. ¿Quieres llevar una de las bolsas? ¡Qué bien te portaste todo el tiempo que abuelita estaba comprando!

Pedrito se sonrojó un poco mientras tomaba el saco que la abuelita le alcanzó, y salieron.

De repente la abuelita se detuvo.

—¡Pedrito —dijo—, mírame!

Pedrito la miró tratando de poner cara de niño bueno.

—¿Qué son esas manchas negras que tienes en la cara, Pedrito? —preguntó la abuelita.

—¿Qué manchas negras? —preguntó.

—Alrededor de toda tu boca. No son exactamente negras, sino de un rojo oscuro.

—No sé —dijo Pedrito quien, si hubiera podido verse la cara tan sucia, habría dicho la verdad en seguida.

—Pedrito, tú has estado comiendo moras —dijo la abuelita—. ¿No es cierto?

Pedrito agachó la cabeza.

—Sólo una o dos —dijo.

—¿De dónde las sacaste? —preguntó la abuelita.

—Del mercado —dijo Pedrito.

—¿Te dijo la señora Rosas que podías comerlas?

—No.

—¿Quieres decir que las tomaste sin permiso?

—Sí.

—Entonces Pedrito ha sido un chico desobediente —dijo la abuelita—, y yo estoy muy avergonzada de él. Vámonos a casa, y ya veremos lo que vamos a hacer.

Pedrito empezó a llorar, y fue un triste regreso para los dos, muy diferente del viaje de ida que habían hecho poco antes.

Cuando llegaron a casa, la abuelita sentó a Pedrito en su falda y le enseñó lo malo que es tomar cosas que pertenecen a otras personas; que es quebrantar el mandamiento que dice "No hurtarás". También le dijo que había dos cosas que él debía hacer. Una era pedir a Jesús que lo perdonara. La otra, ir a lo de la señora Rosas, pagarle las moras que había comido y decirle cuán arrepentido estaba.

—No me importa pedirle a Jesús que me perdone —dijo

Pedrito, llorando—, pero no quiero ver a la señora Rosas.

—Yo sé que es difícil —contestó la abuelita—; pero es lo único que debes hacer. Ahora anda y busca tu portamonedas.

—¿Quieres decir, abuelita, que debo pagar las moras con mi dinero?

—Por cierto, es lo que debes hacer.

—Pero me quedaré sin monedas —dijo Pedrito.

—No te preocupes si gastas todo tu dinero —respondió la abuelita—. Debes aprender una lección. Pero no creo que lo gastes todo. En realidad, con unas pocas monedas pagarás lo que comiste.

—¡Estas monedas! —dijo Pedrito—. ¿Tengo que dárselas todas a la señora Rosas?

—Sí —dijo la abuelita—. Y cuanto antes vayas a verla, tanto mejor. Ahora sécate los ojos y pórtate como un chico grande y valiente.

Pedrito se limpió los ojos con el dorso de las manos, y la abuelita lo besó al despedirlo. Con las monedas bien apretadas se dirigió a la tienda de comestibles.

¡Cuán lejos le parecía mientras movía un pie tras otro! Por fin el mercado estuvo a la vista y, con el corazón latiéndole fuertemente, Pedrito entró.

—¡Cómo! ¡De vuelta tan pronto! —exclamó la señora Rosas—. ¿Tu abuelita se olvidó de algo?

—No —dijo Pedrito lentamente—, yo me olvidé.

—¡Tú! —dijo la señora Rosas—. ¿Qué olvidaste?

—Señora Rosas, este... este... yo... este... por favor, me olvidé de pagarle las moras que me comí. Y... este... este... por favor, abuelita dice que valen todas estas monedas. He traído mi dinero y... este... por favor, siento mucho que no se las pedí a usted primero.

Y diciendo así, Pedrito puso las monedas sobre el mostrador, se dio vuelta y corrió hacia la puerta. Abriéndola, salió también corriendo hacia su hogar. Pero no había ido lejos cuando oyó que la señora Rosas lo llamaba.

—¡Pedrito! —le decía—. ¡Ven un momento! ¡Ven acá!

Lentamente Pedrito regresó pensando que lo regañaría.

—Te olvidaste de algo —dijo la señora Rosas, sonriendo y alcanzándole una bolsita de papel.

—No —dijo Pedrito—, yo no dejé eso.

—Pero es para ti, de todos modos —contestó la señora Rosas—. Es algo rico para tu cena.

Entonces le palmeó la cabeza y le dijo que corriera de vuelta a su casa. A Pedrito le pareció ver lágrimas en los ojos de ella, pero no estaba bien seguro, y no podía entender por qué.

¡Cómo corrió entonces! Llegó a casa en un momento.

—¡Mira lo que me dio la señora! —gritó—. ¡Abuelita, mira!

La abuelita miró. Era un delicioso pastel relleno con mermelada.

—¿No estás contento de haber pedido disculpas y pagado por tu falta? —le preguntó la abuelita.

—¡Ya lo creo! —exclamó Pedrito.

—Siempre es lo mejor que podemos hacer —dijo la abuelita.

HISTORIA **4**

Travieso: Historia de un Perrito

—¡PAPITO! Ven a ver lo que acabamos de encontrar en el jardín.

Luis y Rosita prácticamente arrastraron al papá fuera de su estudio hasta la cocina, donde el más extraño y lindo cachorrito andaba retozando y meneando la cola.

—Danos permiso para quedarnos con él —rogó Luis—. Es un pobre perrito perdido que busca un hogar.

—Pero ya tengo dos perritos —dijo el papá, mirando a Luis y a Rosita—, y no puedo mantener uno más.

—¡Oh, pero es sólo un cachorrito! —suplicó Rosita—. Estoy segura de que no va a costar mucho tenerlo.

—Tal vez pertenece a alguien —dijo el papá, que no lo quería.

—¡Oh, no! Nosotros hemos preguntado a todos los vecinos, y no saben de dónde ha venido.

—Bueno, pueden dejarlo por una semana —dijo el papá.

¡Qué alegría! ¡Podían tenerlo! ¡Ellos solos serían los dueños!

En ese momento el cachorro tropezó con una jarra de leche que Rosita había dejado en el piso al lado de un platito.

Los niños amaron cada día más a su perrito, Travieso.

J. C. ALLEN

Un momento después el líquido blanco corría por el piso y el perrito lo lamía tan rápidamente como podía su lengüita.

—¡Perro malo! —gritó Luis—. Pero estoy seguro de que nunca lo volverá a hacer.

—Tenemos que buscarle un nombre lindo —dijo Rosita—. Lo llamaremos Travieso.

Y Travieso se llamó.

Las semanas pasaron, y durante su transcurso los chicos llegaron a encariñarse más y más con él. Travieso creció rápidamente y pronto llegó a ser casi parte de la familia, como los mismos chicos, aunque el padre nunca pareció muy complacido de tener un perro perdido en la casa.

Una noche, mucho después de que todos se habían acostado, Travieso, al que habían puesto a dormir en el taller, se dio cuenta de que algo estaba mal. Salía un extraño olor sofocante de la cocina. Le pareció que era mejor llamar a su dueño, por si algo no andaba bien.

—¡Guau! ¡Guau! ¡Guau!

No hubo respuesta.

El humo aumentaba y Travieso ladró otra vez.

—¡Guau! ¡Guau! ¡Guau!

El señor Manrique se despertó.

—Ahí está ese perro ladrando. ¿Por qué quiere despertarnos a medianoche? Ojalá nunca hubiera permitido que se quedaran con él.

—¡Guau! ¡Guau! ¡Guau!

El señor Manrique se levantó.

—¡Qué extraño! —dijo—. Siento olor a madera quemada.

Rápidamente bajó las escaleras y halló que la cocina ardía y estaba llena de humo.

Corriendo hasta la llave del agua, arrojó balde tras balde de agua sobre las llamas, y en pocos momentos logró apagar el fuego. Había llegado justo a tiempo.

Por la mañana Travieso recibió un desayuno como nunca había visto en sus sueños perrunos. En cuanto a Luis y Rosita, lo quisieron mucho más. El papá llegó hasta decir que si no hubiera sido por Travieso podían haber perdido su hogar y aun sus vidas.

Desde ese día siempre comentaba que Travieso era el perrito más maravilloso que jamás había conocido, y la mamá por su parte, solía decir:

—¡Qué hubiera pasado si no hubiésemos permitido que Travieso se quedara!

HISTORIA 5

El Deseo de Nelly

LAS clases habían finalizado y comenzaban las vacaciones. Todos los niños esperaban la llegada del día de Navidad. ¡Cuán lento parecía pasar el tiempo! Aparentemente nunca llegaría Navidad. Hacía demasiado frío para jugar afuera, y adentro parecía que no podían hacer nada sin estorbar a la mamá.

—¡Oh!, ¿qué podemos hacer? —dijo Nelly a su hermana Elsita.

—Vamos a escribir a Santa Claus la carta que estábamos por enviarle.

—Si quieres lo hacemos —dijo Nelly—. Pero yo creo que Santa Claus es papá disfrazado.

—¿Tú crees eso?

—Sí. En la última Navidad quedé observando hasta que alguien entró en mi cuarto para llenar mi media, y estoy segura de que era papá en piyamas.

—Pero vamos a escribir la carta de todas maneras —urgió la pequeña Elsa.

—¡Oh, sí! Será divertido, ¿no es cierto? ¿Qué le vamos a pedir que nos traiga?

—Primero busquemos un papel y un lápiz; así no nos olvidaremos de nada.

—Voy a buscarlos en seguida —dijo Nelly, y salió, regresando al poco rato con suficiente papel para una carta larga.

Siendo que Elsita hacía poco había aprendido a escribir, se pusieron de acuerdo en que ella escribiría la carta, mientras Nelly se sentaba al lado para decirle cómo escribir las palabras.

—Antes de empezar, pensemos lo que más nos gustaría —dijo Nelly.

Así que hablaron sobre el asunto muy seriamente y resultó que querían un gran número de cosas. Elsita estaba segura de que necesitaba una caja de pinturas, una muñeca, un cochecito de muñecas, una pelota, muchos caramelos, naranjas, manzanas y una caja de música. Nelly quería cosas más grandes, como un monopatín, algunos buenos libros ilustrados, una gran caja de chocolates y, sobre todo, una muñeca que pudiera hablar y mover los ojos.

—No creo que nos pueda traer todas estas cosas —dijo Nelly.

—¡Oh, yo sí creo! —contestó Elsita—. El tiene una bolsa grande.

—Sí, y no hay nada de malo en pedirlas.

Y así lo hicieron. Con mucho cuidado Elsita escribió la carta, subrayando las cosas que deseaban más. Por fin la carta estuvo lista para ser colocada en un sobre. Nelly la leyó toda

otra vez, desde "Querido Santa Claus" hasta "Esperando verlo pronto". Entonces dio un pequeño suspiro, y la puso sobre la mesa.

—¿Qué pasa? —preguntó Elsita.

Nelly guardó silencio por un momento. Entonces dijo:

—Yo creo que es una carta más bien egoísta.

—¿Por qué?

—Porque hemos pedido cosas solamente para nosotras.

—Es verdad. ¿Qué podemos hacer? ¿Debemos escribir todo de nuevo?

—¡Oh, no! Eso llevaría mucho tiempo. ¿Por qué no añadimos una posdata?

—¿Qué es eso?

—Sólo unas pocas palabras que se añaden al pie de la carta.

—Muy bien. ¿Qué diremos?

—Me gustaría que algunos niños pobres de la escuela reciban cosas lindas como las que le pedimos a Santa Claus.

—A mí también.

—Así como Catalina Goyena —dijo Nelly—. Ella es tan buena; pero su mamá es tan pobre que no creo que reciba un solo regalo de Navidad.

—¿De veras que no recibirá nada?

—Creo que no.

—Entonces pidamos algo lindo para ella. Estoy segura de que le gustaría una muñeca bonita.

—Sí —dijo Nelly—, escribe eso. Entonces creo que la carta estará bien.

Elsita añadió cuidadosamente las palabras: "Por favor, que Catalina Goyena reciba una hermosa muñeca". Entonces doblaron la carta, la pusieron en un sobre, le pegaron una estampilla usada y se la dieron a la mamá pidiéndole que ella se encargara de que fuese despachada.

Llegó la mañana de Navidad, y con ella toda la gloriosa diversión de vaciar las medias y examinar los regalos que

estaban apilados debajo del arbolito. Nelly y Elsita estaban tan felices como pueden estarlo los niños, dando exclamaciones de alegría al abrir cada paquete y hallar algunas de las cosas que habían pedido en la carta. Por supuesto, no recibieron *todos* sus pedidos; pero sí los suficientes para estar seguras de que Santa Claus había leído su mensaje.

Algo andaba mal, sin embargo, por lo menos para Nelly. No dijo nada hasta haber abierto todos sus paquetes. Entonces se vio que estaba preocupada. Revolvió todos los papeles otra vez y otra vez más, y miró debajo de la cama, y aun en la cómoda, pero en vano. Lo que más quería no estaba allí.

—¿Qué pasa, Nelly? —preguntó Elsita—. ¿No has recibido suficientes regalos?

—¡Oh, Elsita! —dijo Nelly—, yo sé que tengo muchas cosas hermosas, pero *eso* no está aquí.

—¿Qué quieres decir?

—¡Oh, yo quería *tanto* una muñeca que dijera "Mamá"!

—Quizás él le llevó una a Catalina Goyena en vez de dártela a ti.

—Tal vez —suspiró Nelly—. Pero yo no quise decirle que hiciera eso.

En el preciso momento en que recibía la muñeca que tanto quería, Nelly miró hacia la ventana. Allí estaba Catalina, atisbando. ▶

J. HENNESY

Apenas había dicho esto cuando se dio cuenta de cuán egoísta era. A ella le habían traído todas esas lindas cosas, y se preguntaba si Catalina había recibido algo o no. Todo el día se sintió desdichada, y mientras jugaba con los juguetes nuevos seguía pensando: ¿Debiera llevarle a Catalina algunas de mis cosas?

Al atardecer Nelly y Elsita fueron a una fiesta en casa de una señora vecina. Como había otras niñitas allí, pasaron momentos muy agradables juntas. Después de comer —¡y qué lindas cosas había!— pasaron a otro cuarto donde había un hermoso árbol de Navidad decorado con bonitas y brillantes lamparitas de colores. Era emocionante verlo.

Pero lo que más llamó la atención de Nelly era una hermosa muñeca colocada entre todos los demás regalos al pie del árbol. El corazón le latió apresuradamente al pensar que tal vez ahora su gran deseo le sería concedido. Jugaron toda clase de juegos alrededor del árbol, y por fin fueron distribuidos los regalos. Un solo pensamiento dominaba la mente de Nelly: ¿Para quién sería la muñeca? Impacientemente esperó y esperó mientras cada una de las otras niñas recibía un regalo. Ahora quedaba sólo un regalo al lado del árbol. Era la muñeca.

—Esta —dijo la señora—, es para...

—¡Nelly! —gritaron todas las chicas, porque vieron que hasta el momento ella no había recibido nada.

Nelly se sonrojó y de un brinco se levantó de su asiento. Tomando la muñeca de manos de la señora, la abrazó fuertemente.

Entonces sucedió algo extraño. Nelly volvía a su asiento cuando repentinamente señaló la ventana y gritó:

—¡Oh, miren! ¡Miren!

Todas miraron; no se veía nada. Las persianas estaban levantadas, pero afuera todo estaba oscuro y silencioso.

—¿Qué era? —preguntaron todas las chicas.

—Era la pobre Catalina Goyena. Estaba mirando hacia adentro por la ventana, y estoy segura de que lloraba. ¡Oh, debo ir y alcanzarla!

Sin decir más, Nelly corrió a la puerta y salió, no deteniéndose ni para ponerse el abrigo. Lejos, calle abajo, Nelly creyó ver una pequeña figura.

—¡Catalina! —gritó—. ¡Catalina! Ven.

Pero Catalina siguió andando y Nelly tuvo que correr toda la cuadra antes de alcanzar a su amiguita.

—¡Oh, Catalina! —le dijo jadeando—. Traigo algo para ti. Por favor deténte y tómala.

Catalina se detuvo ahí mismo mirando con asombro lo que tenía Nelly en los brazos. Era una muñeca que cerraba los ojos y decía "Mamá".

—¿Para mí? —exclamó.

—Sí, sí, para ti —dijo Nelly—. Y lo que más quiero es que la aceptes.

Entonces se dio vuelta y corrió de nuevo a casa, sintiéndose más feliz que nunca.

Aquella noche, antes de irse a dormir, se acordó de la nota que había añadido a la carta dirigida a Santa Claus, y se sintió agradecida porque ella había ayudado a contestarla.

HISTORIA **6**

¿Quién era Jesús?

¿QUIEN era Jesús? ¿Un bebé de Belén? Sí. ¿Un muchacho carpintero de Nazaret? Sí. ¿Un hombre bondadoso que ayudaba a los enfermos? Sí. Jesús fue todo esto, y mucho más.

Jesús vivió en el cielo antes de venir a este mundo como un bebé, en Belén.

En verdad él fue el Creador de este mundo en el cual vivimos. Hizo los hermosos árboles, las flores, las colinas, los valles, las aves, los animales y los peces del mar.

En el cielo los ángeles lo amaban y cumplían felices sus órdenes. Allá todo era felicidad y gozo.

Ustedes se preguntarán: ¿Por qué, entonces, si era tan feliz en el cielo, bajó a este mundo?

Porque amaba a la gente, y se entristecía al ver que tantos niños y niñas amorosos llegaban a ser hombres y mujeres malvados. En verdad, fue un gran sacrificio para él cambiar los gozos del cielo por los sufrimientos de la tierra; pero lo hizo, porque sabía que no había otro camino para ayudar a la gente a vivir mejor ni otra manera de salvar a los niños para su reino.

Jesús es el amigo de todos los niños y niñas del mundo.

"¿Puedo tenerlo en mis brazos?", preguntó la niña ansiosamente a la madre de Jesús. ▶

¿Pero por qué vino como un bebé y no como un hombre?

Para crecer como todos los demás niños y niñas. Quería vivir como ellos viven, a fin de estar más capacitado para ayudarles después.

Bien, Jesús el bebé creció hasta ser Jesús el niño, y luego llegó a ser el hombre de Nazaret, quien anduvo por toda Palestina haciendo buenas obras y sanando a todos los enfermos que acudían a él.

Dio a la gente muchas hermosas lecciones y les enseñó cómo vivir en paz y con felicidad. Fue Jesús quien dijo que debemos hacer a otros lo que queremos que nos hagan a nosotros.

"Oísteis que fue dicho: Amarás a tu prójimo, y aborrecerás a tu enemigo. Pero yo os digo: Amad a vuestros enemigos y orad por los que os persiguen" (S. Mateo 5: 43 y 44).

Jesús practicó estas bellas lecciones en su vida, y todos lo amaban. Es decir, todos con excepción de unos pocos. Había algunos que estaban celosos de su popularidad, o no les agradaba la manera como él censuraba sus pecados, o bien no lo entendían.

Algunos de los dirigentes conspiraron para matarlo. ¡Imagínense eso! El Hijo del gran Dios del cielo, viviendo entre los hombres, sanándolos y ayudándoles en todas las formas posibles, y sin embargo había algunos que querían quitarle la vida.

Y estos hombres tuvieron éxito en su plan. Le contaron falsas historias acerca de Jesús a Poncio Pilato, el gobernador romano que regía los destinos de Palestina. Pilato fue demasiado cobarde como para ponerse del lado de Jesús en contra de sus acusadores. Así que lo entregó para ser crucificado. Los soldados romanos clavaron sus manos y sus pies en una cruz de madera de la manera más cruel posible, en un lugar lla-

mado Gólgota, fuera de Jerusalén.

Allí, en la cruz, Jesús expiró; murió de pena y dolor. Sus amigos vinieron y lo bajaron de la cruz y lo enterraron en un sepulcro de piedra que pertenecía a un hombre llamado José de Arimatea.

Ustedes se preguntarán: ¿Por qué Jesús permitió que esa gente malvada lo matara?

Porque de este modo podía demostrarles cuán grande era su amor. El pudo haber llamado a todos los ángeles del cielo para que le ayudaran a pelear contra esos hombres malvados que lo clavaron en la cruz. Pero no lo hizo. Estaba dispuesto a morir, porque por medio de su muerte abriría el reino de los cielos a todos los que creyeran en su nombre. Eso es lo que significa el hermoso texto que dice: "Porque de tal manera amó Dios al mundo, que ha dado a su Hijo unigénito, para que todo aquel que en él cree, no se pierda, mas tenga vida eterna" (S. Juan 3: 16).

Así que Jesús murió y fue sepultado, pero no permaneció muerto. Al tercer día los discípulos fueron a la tumba y la hallaron abierta y vacía. Un poco después, Jesús se encontró con ellos y se regocijaron de que su amado Maestro estaba vivo otra vez.

Durante cuarenta días permaneció con ellos, explicándoles la obra que quería que hicieran y cómo ellos debían ir por todo el mundo y decir a todos los que encontraran —hombres y mujeres, niños y niñas— cuánto los amaba.

Entonces un día, mientras estaba hablando con sus discípulos cerca de Betania, empezó lentamente a separarse de ellos, elevándose más alto y más alto en el aire hasta que al fin, allá arriba en el cielo, "le recibió una nube que le ocultó de sus ojos" (Hechos 1: 9).

Sin embargo, aunque Jesús regresó al cielo, no olvidó a los que había dejado en la tierra. Ni tampoco ha olvidado a sus criaturas a través de los largos años que han pasado desde aquel tiempo.

Su amor nunca cambia. Es el mismo ayer, hoy y para siempre. Murió cuando aún era un joven, y nunca envejece.

Habiendo sido un muchacho una vez, sabe exactamente cómo ayudar a otros niños hoy, ricos o pobres, enfermos o sanos, en todas sus dificultades y tentaciones. Nunca los chasqueará a ustedes si ponen su confianza en él. Es el Amigo de los niños.

"Hay un gran Amigo de los niños
arriba del brillante cielo azul;
un Amigo que no cambiará nunca
y cuyo amor no morirá jamás.
Distinto de los amigos terrenales
que cambian, los años al pasar,
este Amigo siempre será digno
de su precioso nombre
que siempre llevará".

HISTORIA **7**

Las Oraciones de los Niños

¿ES VERDAD que Jesús oye y contesta las oraciones de los niños?

Por supuesto que lo hace, y nunca permitan que alguien trate de enseñarles lo contrario.

Estoy bien seguro de esto porque, ¿saben?, muchísimos niños me han contado que sus oraciones han sido contestadas. ¡Por supuesto que Jesús contesta las oraciones de los niños! No puede haber ninguna duda al respecto.

Yo amo mucho a los niños, pero Jesús los ama a *todos* mucho más de lo que los padres o madres o tíos pueden hacerlo.

Una vez Jesús estaba hablando con sus discípulos acerca de la oración, y les dijo: "Pedid, y se os dará; buscad, y hallaréis; llamad, y se os abrirá" (S. Mateo 7: 7).

Pero eso no es todo. El siguió diciendo: "¿Qué hombre hay de vosotros, que si su hijo le pide pan, le dará una piedra" (S. Mateo 7: 9).

Por supuesto ninguno, dirán ustedes. Sería un padre de corazón muy duro quien le diera a su hijo hambriento una piedra para comer.

Muy bien. Entonces añade: "¿O si le pide un pescado, le

Un día, mientras Jesús estaba hablando con sus discípulos, comenzó a elevarse más y más, hasta que una nube lo escondió de la vista de ellos.

W. HUTCHINSON

dará una serpiente?" (versículo 10).

No hay padre en la tierra que haría algo tan malvado. ¡Imagínense, darle a un niño una serpiente para jugar!

Luego Jesús añadió estas maravillosas palabras de amor: "Pues si vosotros, siendo malos, sabéis dar buenas dádivas a vuestros hijos, *¿cuánto más* vuestro Padre que está en los cielos dará buenas cosas a los que le pidan?" (S. Mateo 7: 11).

Esta es la medida de su amor hacia nosotros: *¡cuánto... más!*

Me parece que en estas sencillas palabras Jesús trata de decirnos que nos ama tanto que no hay nada, grande o pequeño, que él no haga para nuestro bien, si sólo pedimos su ayuda.

Así, niños, sigamos diciendo nuestras oraciones, seguros de que Jesús está más listo y dispuesto a contestarlas de lo que nosotros estamos para pedir.

Si están en necesidad, no se aflijan. El nos ama con amor eterno —un amor tan alto como el cielo y tan profundo como el mar.

¿Han deseado muchísimo algo que parece demasiado grande para pedir? No importa. Pídanlo en oración, porque Jesús puede darles lo que ustedes quieran, si él cree que eso será para su bien.

Y si lo que piden no fuera para el bien de ustedes o pudiera perjudicar a otra persona, él les dará algo aún mejor. Los sorprenderá con la grandeza de su bondad y su amor.

Amar a Jesús es amar al más bondadoso amigo que hubo jamás. Orar es como hablar con un amigo querido.

El contesta cada oración que se pronuncia y, especialmente, las oraciones de los niños.

Es verdad que él sabe nuestros pensamientos, y que conoce nuestras necesidades antes que se las digamos, pero ¿no creen que él prefiere que le contemos en nuestras propias, sencillas palabras lo que hay en nuestros corazones? Estoy seguro que sí.

Dirigirle oraciones a Jesús es como hablar a un amigo que nos ama mucho.

Ahora bien, no se equivoquen. Dios no nos da cada cosa que le pedimos. La mamá de ustedes no lo hace, ¿verdad? Si le piden mucho dinero para comprar dulces, ¿les daría ella esa cantidad aunque pudiera hacerlo? Creo que no. ¿Y por qué no? Porque ella sabe que muchos caramelos probablemente les harían mal. Así que no se sorprendan si de vez en cuando pareciera que no hay ninguna respuesta a sus oraciones. Cuando esto sucede, pregúntense a sí mismos: ¿Era ésta una oración egoísta? A veces Dios nos da cosas, pero no quiere mal enseñarnos como tampoco nuestras madres desean hacerlo. Es más probable que conteste nuestras oraciones cuando pedimos ayuda para otros.

Y ahora creo que estamos listos para contestar nuestra primera pregunta que, como recordarán, era: ¿Es verdad que Jesús oye y contesta las oraciones de los niños? Sí, lo hace. No siempre en la forma que esperamos, pero de la manera que es mejor para nosotros. Ninguna oración sincera queda sin respuesta.

No se entristezcan o desanimen si no reciben respuesta a una oración en seguida. Si están seguros de que lo que desean es bueno —bueno para ustedes o bueno para otro— sigan orando. Dios puede estar sólo probando su fe , para ver cuánto confían en él. Cuando piden algo a Dios recuerden, por supuesto, que deben decir siempre: "Si es tu voluntad". Entonces, no importa lo que suceda, ustedes estarán satisfechos. Si confían en Dios de este modo, nunca se preocuparán si la respuesta pareciera tardar en llegar o si pareciera no llegar nunca.

En la siguiente historia y en otras historias de estos volúmenes, ustedes leerán ejemplos verdaderamente asombrosos de respuestas a oraciones, oraciones de niños también. Yo he ido coleccionándolas por algún tiempo y conozco a todas las personas de quienes hablo. Por supuesto no he dado los nombres verdaderos o los lugares reales donde los hechos ocurrieron, porque podría ser que a ellas no les agradara; pero las historias son verídicas.

Cuando lean la primera de ellas, estoy seguro de que dirán: "Esto es notable". Cuando lean la segunda, dirán: "Esto es asombroso". Pero cuando hayan leído todas, yo creo que dirán: "Esto me ayuda ahora a estar seguro de que Dios contesta las oraciones".

Sin embargo hay un solo camino para estar perfectamente seguros y es probar a Dios por nosotros mismos. Pídanle algo —algo que de verdad necesiten o mejor aún, algo en favor de otro. Pídanle fervientemente, con toda seriedad y confianza, y entonces esperen hasta observar los resultados.

HISTORIA **8**

Dos Valientes Bomberos

EL DESASTRE no pudo ocurrir en peor momento. El padre estaba ausente del hogar. La madre todavía andaba en muletas como resultado de un grave accidente que había tenido algunas semanas antes. David, de nueve años y Andrés de seis, estaban apenas restableciéndose del sarampión, y la hermana mayor... bueno, había partido para el colegio esa misma tarde.

Repentinamente, cuando David miró por la ventana de la cocina, vio que salía humo atrás del galpón.

—Mira —le gritó a Andrés—; ¿ves ese humo? ¿Qué se estará quemando allí?

Entonces recordó que lo último que había hecho la hermana mayor antes de irse había sido llevar las cenizas calientes y arrojarlas sobre el

montón de basura. Probablemente en su apuro había dejado caer algo de ceniza sobre el pasto seco.

—¡Fuego! —gritó—. ¡Fuego!

—¿Qué se quema? — preguntó la mamá mientras salía de la pieza contigua cojeando, apoyada en sus muletas.

—Mira, mamá —gritó David—. El pasto está quemándose cerca del galpón y las llamas se esparcen rápidamente. ¡Mira el humo! ¡Oh! ¿Qué podemos hacer?

La pobre mamá nunca se había sentido tan inútil en toda su vida. Todo lo que poseían estaba en peligro, y, sin embargo, con su pie lesionado no podía hacer nada.

—David, corre a buscar agua, querido. ¡Pronto, pronto!

—Sí, mamá —gritó David, agarrando dos baldes y corriendo al arroyo, que distaba por lo menos cuarenta y cinco metros.

Andrés tomó otro balde y como un relámpago siguió a su hermano. Apresuradamente llenaron los baldes, volvieron ligerísimo y arrojaron el agua sobre el pasto que ardía cerca

 del galpón. Luego, de vuelta a buscar más agua, y de vuelta al fuego.

Pero parecía una lucha perdida. Después de todo, ¿cómo podrían dos niños con tres pequeños baldes apagar un fuego tan grande?

—¡Manténganlo alejado del tanque de gasolina! —gritó la mamá—. ¡Miren, está yendo en esa dirección!

Y así era. Más y más se deslizaba hacia el depósito de gasolina que el padre usaba para el tractor. Si eso prendía fuego, entonces la casa, el galpón y todo lo demás podían desaparecer.

Ahora los chicos empezaban a cansarse. ¡Estaba tan lejos el agua! Y parecía más lejos cada vez. Sin embargo corrían tan rápido como podían, y con cada paso seguían orando para que Jesús les ayudara a apagar el fuego.

De vuelta vinieron con agua para salvar el tanque de gasolina. Y lo salvaron —precisamente a tiempo. Por supuesto, no podían impedir que el fuego llegara a quemar el campo, porque disponían solamente de tres pequeños baldes, pero trataron de evitar que se propagara al galpón y la casa. ¡Y ganaron! La granja se salvó.

Cuando las cosas estaban en el peor momento y los chicos tan cansados que sentían que les sería imposible acarrear un solo balde más, el viento cambió. El fuego fue desviado hacia el arroyo, donde finalmente se apagó al llegar a la orilla.

¡Qué orgullosa de ellos estaba la mamá! Y el papá también cuando regresó a la casa y supo lo que habían hecho.

En cuanto a David y Andrés, me dijeron que estaban seguros de que consiguieron vencer el fuego gracias a las oraciones que elevaban a Jesús mientras se apresuraban a acarrear el agua con sus baldes.

HISTORIA 9

Cambiando Corazones Viejos por Nuevos

YO HABIA deseado muchísimo y por largo tiempo un buen tocadiscos. Un día supe de un hombre que tenía un aparato tal de la más fina calidad y lo vendía porque se iba a otro país. Fui a verlo y en cuanto oí su hermoso tono supe que era el tocadiscos de mis sueños. Finalmente nos pusimos de acuerdo en cuanto al precio y el tocadiscos pasó a ser mío.

Dos días después llegó a mi casa un camión; dos hombres acarrearon con esfuerzo el hermoso mueble y lo depositaron cuidadosamente en un rincón del comedor.

Lo conecté y empecé a mover los diferentes botones.

Hubo chillidos y quejidos, pero no música. Probé y probé, pero no pude conseguir nada del hermoso mueble sino esos horribles ruidos como si estuviera lleno de malos espíritus. ¿Qué podía hacer?

Por fin llamé a un amigo que entiende de radio.

Pero lo mismo le sucedió a él. Al mover los botones, el aparato rugió y rechinó como antes.

—¿Y cómo están los tubos? —dijo después de un momento—. Yo creo que están rotos o se han deteriorado por las sacudidas del viaje.

—Si ése es el problema —dije—, colócale otros nuevos.

Nunca olvidaré cómo yo observaba mientras él sacaba los tubos viejos y colocaba los nuevos. Entonces conectó la corriente, movió los botones siempre cuidadosamente, y...

¡Ah! Todo fue diferente ahora. Del tocadiscos salió la más espléndida música que yo jamás había oído, primero distante, y luego aumentando el volumen hasta llegar a majestuosos tonos que melodiosamente resonaron en la casa.

Mi sueño se había cumplido, aunque antes de que esto fuera posible yo había tenido que cambiar los tubos.

Y saben ustedes que, cada vez que pienso en esa experiencia, acude a mi mente aquel texto de Ezequiel en el que Dios dice: "Os daré corazón nuevo, y pondré espíritu nuevo dentro de vosotros; y quitaré de vuestra carne el corazón de piedra, y os daré un corazón de carne" (Ezequiel 36: 26).

Me parece que todos somos muy semejantes al tocadiscos mío, hermosos por fuera pero malos por dentro, o como una preciosa muñeca que se le dio una vez a una niñita. Precisamente cuando la niñita estaba abrazándola y besando su bonita cara, ¡sus ojos se hundieron! Y entonces se veía tan fea que la niña sintió que nunca más podría quererla.

A veces sucede así con los niños y niñas. Tal vez la mamá

viste a sus hijos con ropas nuevas muy bonitas, y parecen tan limpios y sin ninguna mancha, que la gente piensa que casi son angelitos del cielo. Pero empiezan a pelear, y hay tal ruido y tal riña que se parecen más a monos o gatos salvajes que a niños, no digamos ya ángeles.

No son las ropas ni las apariencias lo que hacen hermosas a las personas. Hay multitud de niñitas con adorables cabellos ondulados que pueden ser tan malas como los osos cuando no pueden salirse con la suya.

Y hay muchos niñitos que aparecen muy lindos con sus trajes nuevos, pero que cuando quieren pueden ser tan tercos como las mulas.

¿Han leído alguna vez la historia de David, el valiente y honesto pastorcillo de ovejas? Tenía un rostro hermoso; así nos lo dice la Biblia. Pero era hermoso interiormente también, porque tenía un buen corazón.

Y Dios lo escogió para ser rey, "porque Jehová no mira lo que mira el hombre; pues el hombre mira lo que está delante de sus ojos, pero Jehová mira el corazón" (1 Samuel 16: 7).

Mientras nuestros corazones sean de piedra seremos como el tocadiscos con tubos viejos adentro. Será imposible obtener buena música de nosotros. Los corazones de piedra no producen sino gruñidos y rezongos, malas palabras y hoscas

 murmuraciones, y todo eso es hiriente y pecaminoso.

Si oyen de un muchacho que es irrespetuoso con su padre, o malo con su hermano, o rudo con su madre, pueden estar seguros de que tiene tubos viejos adentro que necesitan ser cambiados.

O si oyen de una niña que encuentra defectos en la comida, o en su ropa, o en sus amigas, o dice palabras crueles e hirientes a los miembros de su familia, con toda seguridad que necesita tubos nuevos.

El no cambiar los tubos causa toda la dificultad.

¿Por qué no lo hacemos? No cuesta absolutamente nada. Dios ha prometido hacerlo gratuitamente. Leamos el texto otra vez. Notemos lo que Dios dice:

"Os daré un nuevo corazón".

Es bastante claro, ¿verdad? Y así es el resto del versículo.

"Pondré espíritu nuevo dentro de vosotros".

"Y quitaré de vuestra carne el corazón de piedra".

"Y os daré un corazón de carne".

El ofrecimiento de Dios es muy claro. Y cada uno de nosotros tiene la libertad de aceptarlo.

Y si lo hacemos, ¡qué cambio habrá en nosotros! La mamá no nos conocerá, por cierto. Y el papá apenas podrá creer lo que oyen sus oídos. Habrá una música tan hermosa, palabras tan amables, simpatía tan tierna, respuestas tan suaves, tanta buena voluntad para ayudar y aliviar y colaborar.

Cuando Jesús regrese a esta tierra —y lo hará muy pronto— para llevar a sus hijos al maravilloso hogar que está preparando para ellos, no se interesará mucho por su apariencia, pueden estar seguros. Lo que él preguntará es: ¿Me ama este niño? ¿Es un muchacho bueno? ¿Esta niñita me ha dado su corazón?

Si los niños y niñas —y hombres y mujeres— no le aman, tendrá que dejarlos atrás. Simplemente no puede llevarlos a su hermoso reino y permitirles que lo corrompan en perjuicio de todos los demás. Esa es la razón porque "enviará a sus

ángeles, y recogerán de su reino a todos los que sirven de tropiezo, y a los que hacen iniquidad" (S. Mateo 13: 41).

No nos agrada leer acerca de esto; no suena agradable. Pero no necesitamos que eso nos ocurra. Jesús quiere que todos vivamos con él en su hermoso hogar y ha hecho todo para que esto sea posible. Todo lo que pide es que le amemos y le pidamos que cambie nuestros corazones y nos haga hermosos interiormente y nos ayude a ser más semejantes a él cada día, como era Jesús de niño, y luego como adulto. Entonces cuando él venga oiremos que nos dirá:

"Venid, benditos de mi Padre, heredad el reino preparado para vosotros desde la fundación del mundo. Porque tuve hambre, y me disteis de comer; tuve sed, y me disteis de beber; fui forastero, y me recogisteis; estuve desnudo, y me cubristeis; enfermo, y me visitasteis; en la cárcel, y vinisteis a mí. . . De cierto os digo que en cuanto lo hicisteis a uno de estos mis hermanos más pequeños, a mí lo hicisteis" (S. Mateo 25: 34-40).

Esta es la idea de Dios sobre lo que significa bondad. Esta es la belleza que él ama. Estas son las cosas hermosas que quiere que hagamos. Quienes las hacen serán llevados a la hermosa tierra donde todo es paz y gozo y felicidad, y donde las cosas malas y feas nunca entrarán.

HISTORIA **10**

Las Dos Carolinas

CAROLINA HERNANDEZ era una niñita muy linda en muchos aspectos. Tenía un cabello hermoso y grandes ojos azules, y cuando estaba vestida y lista para ir a la escuela, ustedes habrían pensado, al mirarla, que no había niñita más encantadora en todo el mundo.

Pero había dos Carolinas. Una era la Carolina de la casa y la otra la Carolina de la escuela. La Carolina de la casa quedaba en el umbral cada mañana y aparecía de nuevo a la hora de la comida cuando la Carolina de la escuela regresaba.

Ahora bien, la Carolina del hogar era de mal genio, tenía malos modos, era quejosa, rezongona y desobediente, muy diferente de la Carolina que todos veían afuera y pensaban que era una niñita tan linda.

La mamá estaba preocupada casi hasta las lágrimas acerca de sus dos Carolinas. ¿Qué podría hacer?

Pues bien, Carolina amaba muchísimo a su maestra. En verdad, por el modo como se comportaba, parecía que amaba a su maestra aún más que a su propia madre. Le llevaba flores y otras cosas bonitas para mostrarle su afecto, y por supuesto la maestra, que sólo conocía a la Carolina de la escuela, pensaba

◀ **Jesús tiene un hermoso lugar para que los que le aman y sirven vivan felices allí para siempre.**

Fuera de su casa, todos creían que Carolina era una niña amable y cortés. Pero en la casa era una persona muy diferente.

VERNON
NYE

que siempre era una niña muy buena.

Un día la Carolina de la escuela llegó a casa y se convirtió instantáneamente en el umbral, como de costumbre, en la Carolina del hogar. Después de un rato la madre la llamó:

—¿Quieres por favor ir al almacén y comprarme algunos comestibles? Aquí está la lista.

—No, no quiero, estoy cansada —estalló la Carolina de la casa.

Sin embargo finalmente decidió ir, protestando.

Mientras ella estaba ausente, vino una visita a ver a la señora Hernández con el fin de hacer planes para la próxima reunión de padres y maestros, y fue invitada a quedarse para la cena.

—Siéntase como si estuviera en su casa —dijo la señora Hernández—, mientras yo hago algo en la cocina. Usted puede escribir en mi escritorio; yo dejaré la puerta abierta para que podamos conversar.

En pocos minutos Carolina entró en la cocina, cerrando con un golpazo la puerta de atrás y rezongando por lo pesado de las compras.

—Aquí están *tus cosas* —dijo, arrojándolas en el suelo—. Ahora me voy afuera a jugar.

—Pero mamá está cansada; ¿no querrías ayudarle a terminar su trabajo?

—No, no quiero.

—Bueno, por favor arregla la mesa para la cena.

—No quiero.

—Pero debes hacer algo para ayudar a mamá. Por favor arregla la mesa, Carolina.

—¡Oh!, no me gusta arreglar la mesa —dijo Carolina, golpeando la puerta y poniendo una cara que hubiera asustado a cualquiera. Tironeando el mantel para sacarlo del cajón, con muchos rezongos lo extendió en forma desordenada. Entonces trajo los tenedores y cuchillos, los desparramó entre algunos platos, y se preparó para salir.

La mamá miró disgustada, pero no dijo nada hasta que Carolina estaba por irse. Entonces le dijo:

—Carolina, prepara un lugar extra en la mesa. Tenemos

una visita para comer con nosotros esta noche. En realidad, puedes llamarla ahora. Ella está en la sala.

Alarmada, Carolina miró alrededor y notó que la puerta de la sala estaba abierta.

—Pero, mamita —su tono cambió repentinamente—, la mesa no está preparada para visitas.

—No, pero está arreglada para mamá.

—Pero, mamá, yo quisiera arreglarla mejor.

—Es demasiado tarde ahora. No debemos hacer esperar a nuestra visita. Por favor llámala.

Temblando un poco, Carolina fue a la sala.

—Mamá dice que usted por favor. . .

Se detuvo. ¡Era su maestra!

—¡Oh!, señorita maestra, ¿ha oído usted todo lo que yo he estado diciendo? ¡Oh, qué cosa! —exclamó Carolina, rompiendo en llanto.

—Estoy triste porque mi pequeña Carolina no es la misma en la casa que en la escuela —dijo la maestra.

—¡Oh, lo siento tanto! —dijo Carolina llorando—. Nunca voy a ser mala otra vez.

Y, realmente, para decir verdad, nunca más lo fue.

HISTORIA **11**

El Muchacho que Abandonó su Hogar

HACE mucho tiempo, había un hombre muy rico que tenía dos hijos.

Este hombre era un buen padre y amaba tiernamente a sus hijos. Estaba dispuesto a hacer cualquier cosa para que fueran felices, aunque, como todos los padres, esperaba que le obedecieran e hicieran lo que se les indicaba.

El hogar era hermoso y estaba bien amueblado. Tenían siempre abundancia de comida y buena ropa para vestir. Afuera, en los extensos campos, tenían ovejas, cabras, vacas y tal vez caballos; todo lo que más les gusta tener a los muchachos.

Pero uno de los hijos no era feliz. No le gustaban las órdenes que el padre daba a veces. Pensaba que nunca gozaría realmente de la vida mientras no se fuera del hogar.

Había oído que en el mundo se ganaba fácilmente mucho dinero. Además, en la gran ciudad, tendría toda clase de placeres que nunca se le permitirían gozar en la casa. ¡Sería libre! No habría nadie que le dijera: "No hagas esto", o "No hagas aquello". Sería todo un hombre, dueño y señor de sí mismo.

Cuanto más pensaba el muchacho al respecto, más ansioso estaba de dejar la vieja granja e irse por su cuenta. Decidió hablar con su padre y decirle lo que quería hacer.

—Padre —le dijo—, estoy cansado de vivir en este viejo lugar. Quiero salir y ver el mundo. Por favor dame algo de dinero.

El padre quedó turbado, pero sabiendo que el muchacho nunca apreciaría el hogar hasta que estuviera fuera de él, le dio dinero y le dijo que podría irse si lo deseaba.

El muchacho complacido y lleno de entusiasmo, empaquetó sus cosas y partió.

No sé cómo se sintió el día que se fue. Presiento que estaba un poco triste cuando besó a su madre y le dijo adiós y se despidió de ella agitando la mano por última vez antes de perder de vista el hogar. Estoy seguro de que la madre lloró, y el padre también.

Aquella primera noche fuera del hogar debe haber sido

más bien solitaria. Tal vez pensó regresar, pero por la mañana de nuevo su mente se llenó de la ilusión del gran futuro que le esperaba en el mundo. ¡El sólo pensar en el dinero que su padre le había dado! Nunca había tenido tanto en toda su vida. ¡Lo que no podría hacer él con ese dinero al llegar a la ciudad!

Llegó a la ciudad y empezó a gastar su dinero. En seguida se hizo de muchos amigos, que estaban demasiado deseosos de ayudarle a gastarlo. Le ofrecieron lo que parecía más divertido, aunque ello significaba hacer muchas cosas que su padre le había dicho que eran malas.

—¡Esto sí que es vida! —dijo el muchacho—; esto es lo que siempre quise. Puedo hacer lo que quiero sin que nadie me detenga. ¡Pensar que siempre viví en aquella vieja granja!

Pero un día el muchacho descubrió que su dinero se estaba agotando. No había prestado mucha atención al asunto del dinero sino para gastarlo. Ahora se dio cuenta, con gran sobresalto, de que la cantidad que había traído consigo casi se había terminado. Sus bolsillos estaban prácticamente vacíos.

Sus nuevos amigos pronto descubrieron esto. Entonces uno por uno lo dejaron, hasta que al fin, cuando estaba sin un centavo, halló que estaba también sin amigos. Ni uno de sus compañeros estuvo dispuesto a prestarle algo, ni siquiera a darle de comer.

El muchacho tuvo ahora que enfrentarse con la dura realidad de que el alimento no se consigue sólo con dinero sino con trabajo. Empezó a ver que si quería seguir viviendo tendría que trabajar. ¿Pero qué podía hacer? De lo único que sabía algo era de granja, y no sabía mucho de eso tampoco.

Así que fue a un granjero y le pidió trabajo. El granjero pensó que éste era más bien un muchacho inútil, así que le dio la tarea de cuidar los puercos, con un sueldo muy bajo.

He aquí el muchacho que pocos días antes había estado pavoneándose en la ciudad como un gran señor con el dinero de su padre, ahora se hallaba como cuidador de cerdos en una granja. En realidad tenía tanta hambre que sentía que podría comer aun el alimento de los puercos.

¡Pobre muchacho! Había abandonado el hogar para gozar en el mundo, pero halló al fin que ese mundo es un lugar muy frío y duro; y se dio cuenta que ofrece placeres por un poco de tiempo pero a un costo muy elevado.

Ultimamente había estado demasiado ocupado en buscar placeres para pensar mucho en su hogar, pero allí entre los puercos tuvo harto tiempo para meditar.

¡El hogar! ¡Qué lugar hermoso le parecía! ¡Qué no daría

por hallarse otra vez allá! ¡Sólo por ver a su padre y a su madre una vez más! ¡Oh!, ¿por qué había querido irse de la casa?

E hizo una gran decisión en su corazón. Regresaría. Su padre podría estar enojado con él, pero le diría cuán arrepentido estaba y le pediría perdón. Hasta planeó qué le diría a su padre cuando llegara al hogar. Le diría esto:

"Padre, he pecado contra el cielo y contra ti. Ya no soy digno de ser llamado tu hijo; hazme como a uno de tus jornaleros" (S. Lucas 15: 18 y 19).

Así, el muchacho comenzó su largo viaje de vuelta al hogar.

Mientras tanto, ¿qué sucedía en el hogar?

El padre se sentía miserable. Su hijo no le había escrito ni una vez. De algún modo estaba seguro de que el muchacho se hallaba en dificultades. Si fuera así, esto lo llevaría de nuevo al hogar. ¡Si solamente volviera!

VERNON
NYE

Todos los días, y muchas veces al día, el padre iba a mirar el camino por el que el muchacho debía venir si regresaba. Y día tras día se chasqueaba; su corazón estaba muy triste.

Entonces, un día fue a mirar de nuevo. Forzando la vista, observó larga y ansiosamente el camino por donde el hijo se había ido y perdido de vista detrás de la colina.

¿Qué era aquello? Sin duda una figura que se movía. ¡Sí! Y era una figura extrañamente familiar. Se parecía a su hijo largamente perdido.

—Yo creo que es mi hijo —murmuró el padre para sí, forzando aún más la vista—. ¡Es él! ¡Es él! ¡Ha venido por fin!

Olvidando su edad y todo lo demás, el padre estaba tan feliz que empezó a correr sin detenerse hasta que llegó a donde estaba el muchacho.

—Padre, he pecado... —empezó el joven.

Pero su padre apenas lo oyó. ¡Estaba tan gozoso de que su hijo había vuelto al hogar! Poniéndole los brazos alrededor del cuello, lo abrazó y lo besó.

Cuando llegaron a la casa, llamó a un sirviente para que trajera ropa nueva para el muchacho con que reemplazar sus harapos, y pronto reinaba allí una gran alegría. Luego el padre hizo una gran fiesta para celebrar el evento feliz.

El hermano del muchacho no podía entender en absoluto que se hiciera todo ese alboroto por el regreso de un mal hijo, pero el padre dijo:

"Mi hijo muerto era, y ha revivido; se había perdido, y es hallado" (S. Lucas 15: 24).

Ese bondadoso padre representa a Dios. El nos ama a todos como sus hijos. Si queremos alejarnos de él, puede permitir que lo hagamos, pero sabe que si lo hacemos tendremos una experiencia muy triste.

Todo el tiempo que estemos alejados de él estará mirando y anhelando que regresemos. Nos ama con amor eterno y siempre está dispuesto a recibirnos de nuevo en el hogar. ¡Cuánto mejor es, sin embargo, que nunca nos alejemos!

El padre del muchacho apenas escuchó la confesión de su hijo, pues estaba demasiado emocionado por el regreso de su hijo.

HISTORIA **12**

Antonio el Perezoso

NO ME gustaría decir en voz alta que Antonio era perezoso, porque probablemente se ofendería muchísimo; y a mí no me gusta ofender a nadie. Pero temo que era la verdad.

Cualquiera fuese la cosa que se le pidiera a Antonio, siempre contestaba: "No puedo". Para cada tarea parecía tener una excusa. Si se le pedía traer un cubo de carbón decía: "No puedo; es demasiado pesado". O si se le pedía hacer un mandado decía: "No puedo; estoy muy cansado". Tal vez usted le pidiera que secara los platos. Entonces diría: "No puedo; ése es trabajo de mujeres".

Por supuesto, no había razón en ninguna de sus excusas, y estoy seguro de que la verdadera dificultad con Antonio era pura pereza. Vean ustedes: él decía "No puedo" sólo cuando había un trabajo que hacer. Nunca lo decía en la hora de juego o cuando su compañero venía a la puerta y le pedía hacer un paseo en bicicleta o jugar a la pelota. Su respuesta entonces era siempre: "Muy bien, estaré contigo en un minuto".

Su mamá le había dicho muchas veces que no era justo que no le ayudara siquiera un poquito en el trabajo de la casa y

que, al mismo tiempo, estuviera tan listo para correr afuera a jugar. Pero Antonio era exactamente el mismo de siempre al día siguiente, y todo lo que la mamá le decía parecía no hacer ninguna diferencia. Pero un día la madre tuvo una brillante idea.

Una mañana Antonio se quedó en cama tanto rato que llegó tarde a la escuela. Generalmente la mamá lo llamaba a la hora apropiada, sólo para que le contestara medio dormido: "No puedo levantarme; tengo mucho sueño". Esa mañana la madre dejó que se levantara cuando quisiera, y por supuesto eso era muy tarde. Estaba enojado cuando bajó las escaleras, y quiso inmediatamente su desayuno. Pero no había nada para él.

—¿Por qué no me has preparado el desayuno? —preguntó.

—No puedo —dijo la madre con una sonrisa extraña—. Estoy muy cansada.

Muy enojado, Antonio corrió a la escuela sin desayunar. Llegó tan tarde que la maestra lo reprendió delante de toda la clase, lo cual le disgustó más aún.

En el camino de regreso se trepó a un cerco y al querer bajar se enganchó en un clavo. Por fin logró hacerlo, pero dejó parte de sus pantalones en el cerco. Cuando llegó a casa quiso que su madre se los remendara en seguida.

—No puedo —dijo la mamá—. Estoy demasiado ocupada.

—¿Y tendré que volver a la escuela así? —preguntó Antonio, señalando el agujero de sus pantalones.

—Me temo que sí —dijo la madre; y tuvo que ir así, para gran diversión de los muchachos y niñas.

Cuando Antonio regresó de la escuela, por supuesto quiso la cena en seguida, porque no había tenido mucho para comer aquel día. Pero no había nada sobre la mesa. Quedó muy sorprendido, porque estaba acostumbrado a encontrar todo listo para él.

—No tienes la cena lista —le dijo a la mamá.

—No —contestó ella—; no puedo. Estoy cansada. Simplemente no me sentí con ganas esta tarde.

—Pero quiero ir a jugar en seguida después de la cena —dijo Antonio.

—Muy bien —dijo la mamá sin moverse de su sillón y dirigiendo su mirada al libro que estaba leyendo—, puedes ir. No tengo inconveniente.

—¿Pero me vas a dejar sin cena?

—No puedo prepararla; estoy cansada.

Lleno de cólera Antonio salió de la casa golpeando la puerta. Pero cuando iba por la calle se puso a pensar. Tal vez mamá *estaba* cansada, después de todo. Quizá realmente necesitaba que alguien le ayudara. Tal vez realmente estaba tan cansada que no había podido preparar ni su propia cena.

Antonio se detuvo. Pensó en el juego de pelota que estaba por disfrutar y luego en su madre sentada en la casa demasiado cansada para tener la cena lista. Empezó a arrepentirse de haber estado tan enojado. Decidió regresar.

Atisbando por la ventana de la cocina, Antonio vio que su madre se había dormido en el sillón. De inmediato se dio

cuenta de que ésta era la oportunidad de corregir su mala conducta. Era un muchacho de buen corazón después de todo, aunque tenía ese arraigado hábito de la pereza cuando se trataba de trabajar.

Deslizándose en la cocina en puntas de pies, lavó los platos tan silenciosamente como pudo. Luego, más suavemente aún, entró en el comedor y arregló la mesa. Para decir verdad, ésta era la primera vez que Antonio ponía la mesa en muchos meses, pero lo hizo muy bien. Puso todas las cosas más ricas que pudo encontrar, trajo algunas flores del jardín, y realmente hizo que la mesa luciera como si se esperase a alguien muy especial para la cena.

Entonces notó que se había olvidado de traer el platito de la mantequilla y fue a buscarlo. Desafortunadamente, como estaba un poco enmantequillado, se le resbaló de las manos y se estrelló en el suelo.

La mamá se despertó y saltó del sillón como si algo terrible hubiera sucedido. Había estado soñando con Antonio, y el ruido era como si le hubiese pasado algo. Pero sus temores se tornaron en alegría cuando vio la mesa esmeradamente arreglada.

—¡Bueno! —exclamó—, ¡quién hubiera creído que podías arreglar tan bien la mesa!

Tuvieron una agradable comida juntos, y en toda la velada la madre no dijo ni una palabra acerca del platito roto. Antonio estaba tan feliz que decidió que después de esto ayudaría a su madre más que antes.

Cuando estaban terminando la cena, golpearon a la puerta, y una voz de muchacho llamó:

—Ven, Antonio, te estamos esperando.

—Lo siento, no puedo ir —dijo Antonio—. Voy a ayudar a mamá ahora.

Pero la mamá oyó y vino rápidamente a la puerta.

—Está bien, Antonio, por esta vez. Puedes ayudarme mañana.

Muy contento, Antonio corrió afuera, y ése fue el mejor juego de pelota que jamás hubiera jugado.

HISTORIA 13

El Muchacho que Acercó el Cielo a la Tierra

TODO comenzó en una iglesia en Italia. Olvidando la música y las oraciones, un muchacho mantenía sus ojos fijos en una lámpara que se mecía. Alguien la acababa de encender y la dejó oscilar libremente colgada de su cadena.

Mientras la lámpara se balanceaba de un lado a otro, el joven Galileo notó que demoraba tanto tiempo para mecerse en un círculo amplio como en uno pequeño. Como no tenía reloj, midió el tiempo con su pulso y halló que era así. Esto era un descubrimiento. El siempre había supuesto que tomaría más tiempo el péndulo si cubría mayor distancia.

En cuanto llegó de la iglesia a su casa aquel día, armó su propio péndulo, lo puso en movimiento, y halló que funcionaba en la misma forma. Entonces hizo más péndulos de diferente longitud y peso, y los colgó de las vigas del cielo raso y de las ramas de los árboles, hasta que su familia pensó que se había vuelto loco. Pero él comprobó su punto de vista. Y esto le permitió hacer muchos otros descubrimientos.

A Galileo le gustaba hacer experimentos. No aceptaba lo que otros dijeran, sin probar las cosas por sí mismo.

En sus días se enseñaba en las escuelas que si dos objetos caían de un lugar alto, el más pesado llegaba antes al suelo.

Fascinado por la oscilación de la lámpara, el joven Galileo tomó el tiempo de los movimientos con su propio pulso.

R. L. BERRAN

Con el telescopio de Galileo los principales de la ciudad pudieron ver las calles de Padua, situada a más de 30 km, y a la gente que caminaba por ellas.

W. F. SOARE © BAUSCH & LOMB OPTICAL CO.

Galileo puso en duda esto. Entonces probó dejando caer pesos de lugares altos, y halló que no era verdad. Todos los pesos que se soltaban juntos llegaban al suelo al mismo tiempo. Pero nadie le creyó.

Un día persuadió a un grupo de profesores de la universidad a que fueran con él a la cima de la famosa torre inclinada de Pisa. De allí él soltó juntos un objeto de cuatro kilos y medio y otro de medio kilo. Ambos llegaron al suelo exactamente al mismo tiempo. Los profesores quedaron atónitos, ¡pero prefirieron creer a sus libros más que a sus ojos!

En 1609 Galileo hizo su mayor descubrimiento. En ese año llegó a él el rumor de que un holandés, asistente de un fabricante de lentes, colocando dos cristales más o menos a un pie de distancia (30 centímetros), había notado que hacían aparecer más grandes las cosas. Inmediatamente Galileo emprendió la tarea de probar si la historia era verdad. Montó dos cristales a un pie de distancia y obtuvo el mismo resultado. Entonces tomó cristales más grandes, los puso juntos y fabricó el primer telescopio.

Pronto se extendieron las noticias en cuanto a su invención, pero muchos se mofaron y dijeron que no podía ser cierto. Entonces Galileo llevó su telescopio a lo alto del Campanario, la torre más elevada de Venecia. Con él fueron muchos de los principales dirigentes de la ciudad, incluso senadores, vestidos con ropa lujosa, como si fueran a asistir a una importante ceremonia. Lo que vieron los dejó pasmados. Por medio del telescopio de Galileo pudieron ver las calles de Padua, que estaban a treinta kilómetros de distancia, y a la gente caminando por ellas. Un barco que estaba a la distancia de ochenta kilómetros no parecía más lejano que si estuviera a ocho kilómetros. Miraron por el telescopio y se maravillaron.

Después de esto Galileo empezó a construir telescopios para vender. Personas de toda Europa los compraron. El que fabricó especialmente para él lo llamó "Viejo Descubridor". Hacía aparecer los objetos treinta y tres veces más cerca.

Una noche —y aquella fue una gran noche en la historia —Galileo dirigió su telescopio a los cielos. Quedó sobrecogido ante la gloriosa escena. En vez de ver unas pocas estrellas, como se pueden ver con el simple ojo humano, vio miles y miles de ellas. La Vía Láctea, de la que mucha gente pensaba que era un velo nebuloso, se reveló como una espléndida faja de estrellas. Repentinamente se dio cuenta de que el universo no era solamente la tierra, el sol, la luna y unas pocas puntas de alfiler iluminadas que se llamaban estrellas, sino algo infinitamente mayor y más maravilloso. ¡La oscuridad del espacio estaba alumbrada con flameantes astros tan lejos como se alcanzaba a ver!

Galileo dirigió su telescopio a Júpiter y halló que las tres brillantes estrellas alineadas a su lado no eran estrellas sino lunas, las cuales se movían alrededor del planeta como se mueve nuestra luna alrededor de la tierra.

Mirando al sol a través de lentes ahumados, vio una gran bola de fuego con oscuras nubes moviéndose sobre ella, a las que ahora llamamos manchas solares. Notó, también, que el sol se movía en su eje, del mismo modo como lo hace la tierra.

Esto era demasiado maravilloso. Su corazón estaba conmovido. Deseaba decirlo a otros, y así lo hizo. Pero de nuevo muchos no le creyeron. Los dirigentes de la iglesia le dijeron que él debía estar equivocado. Todo era tan diferente de lo que siempre habían creído, que estaban seguros de que él estaba equivocado. Lo hicieron arrestar y lo dejaron en la cárcel para que no pudiera enseñar sus "falsas" ideas.

Pero Galileo estaba en lo cierto, y él lo sabía. El sabía, también, que otros mirarían a través de los telescopios que había construido, y probarían que tenía razón.

Y así, por supuesto, sucedió. Con el correr de los años y siglos se construyeron telescopios cada vez mayores, y cada uno probó no sólo la verdad de lo que Galileo había enseñado sino que además reveló que el universo es mucho más grande de lo que él siquiera imaginó.

Tal vez ustedes hayan leído acerca del telescopio de cinco metros de diámetro que está en el Monte Palomar, al sur de California, el mayor telescopio que hasta ahora se ha construido. Alguien —tal vez el maestro de escuela— les dirá

El telescopio Hale, de 5 m de abertura, en el Observatorio del Monte Palomar, California, ha contribuido a que los astrónomos aprendieran mucho acerca de los cielos que Galileo no conoció.

CALIFORNIA INSTITUTE OF TECHNOLOGY, CARNEGIE INSTITUTION OF WASHINGTON.

cómo el telescopio ayuda a los astrónomos a escudriñar billones de kilómetros en el espacio y cómo ha revelado muchas nuevas maravillas en el cielo que nos rodea. Cuando piensen en esto, recuerden a Galileo, el muchacho que observó la oscilación de una lámpara en la iglesia y quien, al inventar el telescopio, abrió los secretos del maravilloso universo de Dios y acercó el cielo a la tierra.

HISTORIA 14

El Paseo de Diana en Burrito

—DEJAME hacer un paseo en burrito —rogó Diana por quinta vez aquella tarde.

—No —dijo la mamá—. Te he dicho, Diana, que no puedes tener nada más por hoy. Siempre quieres cada cosa que ves, y si hay alguna nueva manera de gastar dinero, tú la hallas. Así que por favor, no quiero oír más acerca del burrito.

—Pero, mamá... —volvió a insistir Diana.

—¡No! —dijo la mamá, y su voz no dio lugar a dudas acerca de lo que significaba.

Diana se alejó. Evidentemente pensó que no valía la pena molestar a la mamá otra vez. Paseándose fue hacia donde estaban los burros.

Había una docena, todos parados juntos, esperando que vinieran niños para andar en ellos. Mientras Diana observaba, llegó un grupo de chicos, pagaron al encargado y se fueron alegremente a lo largo del camino.

Quedó un solo burro, y allí estuvo muy quietecito, aunque su amo se había ido. Diana se le acercó y le acarició la nariz.

—Querido señor Burrito —dijo—, me llevarías de paseo si yo tuviera dinero, ¿no es cierto?

El burro rebuznó.

—Eres un amor —dijo Diana—. Creo que podría montarte yo sola. Debe ser fácil. ¡Mira los otros chicos!

Al mirarlos, Diana vio que tanto ellos como el hombre que estaba a su cargo se hallaban lejos y ella estaba sola con el burro.

Al instante se le ocurrió una gran idea. Daría un paseíto, después de todo; aunque sólo se sentara sobre el animal y anduviera en círculos. Seguramente el hombre no le cobraría por eso.

Cerca había algunos peldaños usados por los chicos para poder subir al lomo de los burros. Diana condujo cautelosamente el burro hasta los peldaños y montó sobre él. Al parecer nadie lo notó, y ella se sintió muy contenta.

En cuanto al burro, parecía estar muy acostumbrado a este

trato de modo que se quedó quieto y manso como un cordero. Diana estaba encantada. Por fin montaba un burro, aunque la mamá no le había dado dinero para ello.

Repentinamente, sin embargo, algo sucedió con el señor Burrito. Pareció darse cuenta de que había quedado atrás de los otros. Mientras había estado parado solo, no le importó, pero ahora que sentía que alguien estaba sobre su lomo quiso estar con sus compañeros. Así que, dando vuelta, empezó a trotar a ritmo apresurado por el camino.

Diana nunca estuvo tan asustada en su vida. ¿Qué diría el hombre? No tenía dinero para pagarle. ¿Y qué diría la mamá cuando la descubriera?

De buenas ganas hubiera saltado, pero no se atrevía. Tiró de las riendas, pero el animal sólo trotó más ligero.

Los burros generalmente no corren rápido, pero a Diana le parecía que éste volaba. Era como si oyera a los otros burros a la distancia y quisiese alcanzarlos.

¡Bump, bump, bump, bump! Seguía el burrito adelante, y Diana, tambaleándose de un lado a otro, casi enferma de pánico, esperaba caer en cualquier momento.

—¡Párate, burrito! ¡Párate, burrito! —le decía jadeante.

Pero el señor Burrito no tenía intención de detenerse.

—¡Oh! ¿Por qué no hice lo que mamá me dijo? —pensó Diana—. Esto es horrible. ¿No dejará de correr nunca?

Bump, bump, bump, por la arena, en el muelle, asustando a las gaviotas en su camino.

Y ahora, ¡qué horror!, el burro la llevaba hacia el lugar donde la mamá estaba sentada tranquilamente tejiendo en su silla de playa.

—¡Mamá! —gritó Diana.

La mamá levantó la vista del tejido. En un instante se dio cuenta de la situación y empezó a correr detrás de Diana.

—¡Detengan a ese burro! —gritó—. ¡Detengan a ese burro!

Otras personas oyeron sus gritos y la vieron correr. Ellos

El burrito comenzó a trotar, con Diana encima, que se bamboleaba de un lado a otro, presa del pánico.

H. BAERG

también empezaron a perseguirlo. En un momento había más de una docena de personas corriendo por la arena detrás del animal. En cuanto a él, tal vez pensó que esto era un gran juego pues corrió más ligero de lo que nunca lo había hecho en su vida. ¡Bump, bump, bump!

¡Pobre Diana! ¡Cuánto sufría! Estaba segura de que nunca podría sentarse otra vez.

Para entonces los otros burros habían llegado al fin de su recorrido y estaban de regreso. El encargado pronto vio lo que había sucedido y vino corriendo hacia Diana.

—¡Eh, eh! —llamó enojado—. ¿Qué significa esto?

Pero a Diana no le importaba lo que significara.

—¡Bájeme, bájeme! —gritó.

El la bajó y le llamó la atención por lo que ella había hecho.

Después que la madre hubo pagado al encargado lo que éste le pidió por el paseo de Diana, ella le dijo a su hijita algunas cosas que no olvidaría por mucho tiempo.

Y Diana decidió no desobedecer nunca más a su mamá.

HISTORIA **15**

La Pobre Priscila

—¡OH, QUE cosa! —exclamó Anita, retorciéndose las manos—. ¿Qué le sucederá a Priscila? Debo llamar al doctor en seguida.

Después de acostar a la pobre Priscila en su linda camita blanca, Anita levantó su teléfono de juguete y simuló hacer un urgente llamado al doctor de la familia, representado en este caso por su hermanito Pedro.

—¡Hola! ¿Es usted, doctor Pereyra?

—Sí, señora —llegó la voz del otro lado de la puerta—. Es el doctor Pereyra. ¿Qué puedo hacer por usted?

—¡Oh, doctor! Mi pobre Priscila está enferma. Por favor, venga en seguida.

—Salgo en seguida —dijo la voz en el corredor—. Mi coche está en la calle, así que estaré allí en unos minutos.

Anita regresó junto a la cama de Priscila e hizo todo lo posible por derramar algunas lágrimas. Golpearon la puerta y ella la abrió.

—¡Ah! Es usted, doctor Pereyra. Estoy tan contenta que haya venido.

El doctor Pereyra, usando el mejor sombrero de su papá y llevando su maletín, se acercó a la cama. Trató de estar muy serio mientras se quitaba los guantes.

—Permítame tomarle el pulso —dijo tomando la pequeña mano de Priscila.

—¡Ah!, muy rápido, muy rápido —murmuró.

—¡Pobre Priscila! —dijo Anita.

—Ahora permítame verle la lengua —continuó el doctor.

—Temo que esté demasiado enferma para abrir la boca —dijo Anita—. Dígame qué piensa usted que tiene.

—Es un caso serio —dijo el doctor Pereyra—. Muy serio.

—¡Oh! ¿Qué puedo hacer, qué puedo hacer? —exclamó Anita retorciéndose las manos.

—¿Hacer? —contestó el doctor Pereyra—. Hay una sola cosa que hacer. Usted debe tratar mejor a su hijita. La ha estado alimentando mal. Ella tiene una indigestión aguda y probablemente va a morir.

—¡Morir! ¡Oh, qué terrible! —exclamó Anita—. ¿Qué debo darle de comer para que se sienta bien y fuerte otra vez?

—¡Hum! —previno el doctor—. Déjeme ver. Esta criatura

ha comido demasiados dulces. Y ha estado comiendo entre comidas, por eso se ha arruinado el estómago. Usted debe dejar de darle golosinas excepto en las comidas.

—¡Pero va a llorar! —dijo Anita.

—No importa —contestó el doctor Pereyra—. Mejor es llorar que morir. No se debe comer entre comidas. Es muy malo. Dígame, ¿come ella abundantes verduras?

—¡Oh, no, doctor! A ella no le gustan las verduras. Cada vez que las sirvo rezonga terriblemente.

—No importa —dijo el doctor severamente—. Mejor es rezongar que estar enferma. Ella debe comer algunas verduras cada día: lechuga, repollo, espinaca y otras.

—¡No todas al mismo tiempo!

—¡Oh, no! —respondió el doctor Pereyra—. Pero por lo menos una diariamente. Y déjeme ver, ¿come bastante fruta esta criatura?

—Le gustan las manzanas y las peras, pero como son tan caras no puedo darle muchas —dijo la madre.

—Ella debe comer mucha fruta. En vez de darle bizcochos y pasteles déle mangos, papayas, manzanas y naranjas.

—Una vez oí —dijo Anita— que una manzana por día mantiene alejado al doctor. ¿Hay algo de cierto en esto?

—Claro que sí —dijo el doctor Pereyra—. Yo *nunca* tendré que venir otra vez si usted hace eso, a menos, por supuesto, que ella contraiga el sarampión o la escarlatina.

—¡Oh, muchas gracias doctor Pereyra! —dijo Anita—. ¿Cuánto le debo?

—¿Mis honorarios? Son 15 pesos.

—Es un poco elevado, ¿no? —dijo Anita, sacando algunos botones de su cartera.

—Es lo que acostumbro cobrar —dijo el doctor—. Gracias. Espero que su hijita mejore pronto. Y asegúrese de seguir mis instrucciones.

—Lo haré, doctor —contestó Anita, cerrando la puerta—. Pero Pedrito —añadió—, no te olvides de poner el sombrero de papá en su lugar, ¿lo harás?

Y así terminó el divertido juego entre Anita y su hermanito Pedro.

HISTORIA **16**

El Perrito que Nadie Quería

ME ENCONTRABA en Australia viajando en automóvil desde Newcastle a Sidney. Había tenido un día muy ocupado y estaba cansado. Cómodamente sentado en el asiento de adelante, al lado del conductor, esperaba poder dormir un poquito en camino a casa.

Entonces oí la voz de una niñita que hablaba muy triste a su madre.

—Bueno, yo lo quiero de todas maneras —decía la niñita.

En seguida me enderecé y puse atención. Parada detrás de mí estaba Susana, de seis años de edad, mirando a su madre que estaba en el asiento de atrás y le hablaba seriamente acerca de algo muy importante.

—¿Qué dijiste? —le pregunté.

—Que lo quiero de todas maneras —dijo Susana con voz llorosa.

—¿A quién quieres tanto? —le pregunté.

—A mi perrito.

—¿Pero no quieren todos a tu perrito?

—¡No! —contestó Susana—. ¡Mi madre no lo quiere!

—¿Qué clase de perro es? —le pregunté—. ¿Es muy grande?

—No —dijo Susana—. Es apenas un cachorrito.

—¿Y tu madre no lo quiere?

—No —respondió Susana—. Y quiere librarse de él.

—¿Y por qué tu mamá no quiere a tu perrito? —pregunté.

—Porque él mordisqueó sus zapatos nuevos y rompió algunas de sus ropas.

—¡Oh!, eso es muy malo —dije—. ¿Qué más hizo?

—Arrancó una sábana del tendedero. Y rompió un periódico, desparramando los pedazos por todo el garaje.

—¿Algo más?

—¡Oh, sí! Cuando mamá lleva la basura afuera, él la trae de

nuevo. Días pasados trajo de vuelta un montón de cáscaras de sandía y las apiló en el piso de la cocina.

—Ahora puedo ver por qué tu mamá no lo quiere mucho —dije—. ¿Y en cuanto a tu papá? ¿Quiere al perrito?

—El tampoco lo quiere.

—¿Por qué no?

—Bueno, sabe usted, justamente después que papá lavó y lustró su coche hace unos días, mi perrito corrió sobre él con sus patitas embarradas. ¡Y papá se enojó mucho!

—Puedo entender eso también —le dije—. Debes tener un perrito bastante juguetón.

—¡Oh! El es malo —dijo Susana—. Yo sé que es malo. Y mamá no lo quiere y papá no lo quiere y nadie lo quiere...

—Excepto tú —interrumpí.

—Excepto yo —dijo Susana—. Lo quiero de todas maneras.

Repentinamente pensé en todos los niños y niñas del mundo y que son exactamente como el perrito de Susana: vivarachos, traviesos y desobedientes. Pero sus madres los aman de todos modos.

¿No es ésta la manera como sus madres los aman a ustedes? No importa lo que hagan, no importa cuán malos sean a

veces, los aman lo mismo, y los amarán siempre.

Y lo mismo sucede con el papá. Pueden hacerlo enojar muchísimo a veces, pero él los ama tiernamente.

Dios es igual. Nunca deja de amarnos a pesar de todos nuestros errores. Nunca deja de esperar que seamos buenos.

La Biblia habla de la longitud y la anchura y la altura y la profundidad del amor de Dios, y dice que está más allá de nuestro entendimiento. Lo está. Es demasiado grande. Está "tan lejos como el oriente del occidente", y ustedes nunca podrán medir esa distancia que abarca de un lado a otro del mundo, ¿no es cierto?

El amor de Dios no tiene límites, no tiene fin.

De algún modo la pequeña Susana sentía la grandeza del amor de Dios cuando dijo de su perrito travieso: "Lo quiero de todas maneras".

HISTORIA **17**

El Secreto de la Felicidad

EL BOLETIN meteorológico anunciaba que nevaría. Estas eran buenas noticias para José y Gerardo. Estaban rebosantes de entusiasmo.

Habían hablado a menudo de construirse unos trineos, pero hasta ahora no los habían hecho. Las buenas nuevas acerca de la nieve los decidió a hacer uno cada uno, y así, afanosamente empezaron la tarea.

Cada momento que podían dedicar fuera de sus tareas escolares, los niños lo pasaban en el cobertizo que había en el patio de atrás, aserrando, cepillando, martillando hasta que, por fin, para gran alegría de ambos, los trineos estaban terminados y listos para cuando cayera la nieve.

Pero la nieve no caía. Probablemente las nubes se disiparon con el viento después que los meteorólogos las observaron. De cualquier modo, la triste realidad fue que por muchos días hubo dos trineos en el cobertizo sin poderse usar.

La escuela se cerró para Navidad, y todavía no caía nieve. Pasaron muchos días de frío y humedad. Los muchachos perdieron la esperanza y desearon no haberse tomado nunca la molestia de hacer sus trineos.

Por fin llegó la víspera de Navidad y con ella un repentino cambio. La lluvia cesó, el termómetro bajó con gran rapidez

y se levantó un fuerte viento.

—Algo está por suceder—dijo José, al acostarse esa noche. Y tenía razón.

Por la mañana las nubes habían desaparecido, y el sol naciente brillaba sobre la nieve que cubría el suelo, los árboles y los techos. Todo el paisaje estaba cubierto por un glorioso velo blanco. ¡Había nevado por la noche!

Gerardo estaba alborozado. En cuanto se despertó adivinó lo que había sucedido porque vio el reflejo de la nieve en el cielo raso. Saltó de la cama, se vistió tan rápidamente como pudo, y corrió por el jardín hasta el cobertizo donde los preciosos trineos habían estado guardados tanto tiempo. Los arrastró sobre la nieve hasta la casa y entonces corrió a buscar a José.

¡Qué felices se sentían! Esto estaba mejor que lo que habían deseado. Ningún día de Navidad pudo haber empezado más alegremente para ellos. Decidieron ir en seguida a la colina vecina a divertirse tal como habían soñado.

Caminaron rápidamente por la calle arrastrando sus trineos. Sus amigos de la escuela los llamaban, todos ansiosos de participar en la diversión.

—¡Oigan muchachos! —les gritaban—; ¿podemos tener una vuelta en sus trineos?

—No ahora —contestaron José y Gerardo—; hoy vamos a ir nosotros solos.

—Préstennos uno de sus trineos —gritó otro.

—¡No podemos! —le respondió José—. Debías haberte hecho uno tú mismo.

Rafael Martínez, el niño cojo, los saludó alegremente con la mano desde su ventana y les deseó que se divirtieran.

—¡Qué amable es!, ¿verdad? —dijo Gerardo.

—Sí —contestó José—, especialmente cuando pensamos que él nunca podrá andar en un trineo.

En ese preciso momento pasaron delante de la casa de Magdalena Gómez. Siempre habían sido buenos amigos de ella y de sus hermanitos. También los saludó alegremente como de costumbre y les deseó una feliz Navidad.

—Quisiera ir a dar una vuelta en trineo —dijo—, pero no puedo ahora. Estoy ayudando a mamá en todo lo posible, para que ella también tenga una buena Navidad.

Los muchachos siguieron adelante. Pronto llegaron a la colina. Entonces la diversión empezó.

Se tiraron colina abajo. Luego subieron a la cima otra vez. Y entonces otro glorioso deslizamiento. Así jugaron un par de horas.

Después de un rato, sin embargo, José notó un cambio en el rostro de Gerardo.

—¿Qué te pasa, Gerardo? —preguntó José con un poco de preocupación mientras trepaban la colina lentamente.

—Nada —dijo Gerardo—, sólo que por alguna razón no me estoy divirtiendo tanto como esperaba.

—¿No? —dijo José—. Pues yo tampoco. Por supuesto que es lindo; pero no me siento muy contento. ¿Por qué será?

—Es curioso que los dos nos sintamos de la misma manera, ¿verdad? —observó Gerardo.

—Muy extraño —afirmó José, mientras caminaban trabajosamente hacia la cima.

De nuevo se lanzaron abajo.

La siguiente vez que subieron hablaron nuevamente sobre sus extraños sentimientos.

—Yo creo que sé por qué no estamos contentos —dijo José.

—¿Por qué? —preguntó Gerardo.

—Porque sigo pensando en Rafael.

—¡Eso es! —dijo Gerardo—. Y en Magdalena y en los otros. Quisiera no haberlos dejado atrás. Fue mezquino de nuestra parte, ¿no es cierto?

—Sí —admitió José.

Hubo silencio otra vez mientras trepaban lentamente.

—Yo creo que vamos a bajar una sola vez más —dijo José.

—Está bien —contestó Gerardo.

Se deslizaron por última vez y se dirigieron de vuelta al hogar. En el camino hicieron planes para la tarde. Al llegar a la población, hablaron con sus amigos que no tenían trineos. A todos les gustó el plan, así que apenas terminaron de comer todos se reunieron en determinado lugar.

—¡Bravo! —gritaron todos al ver a Gerardo y a José.

—Yo seré el primero —dijo uno.

—Yo, yo primero —gritó otro.

Entonces, echando suertes entre los visitantes, José y Gerardo pusieron a dos o tres en cada trineo, y los pasearon calle arriba y calle abajo. ¡Oh, qué exclamaciones de regocijo! ¡Cómo todos se reían y gritaban!

Toda la tarde siguieron de este modo —excepto al interrumpirse por algún juego de bolas de nieve de cuando en cuando—, dándoles paseos a todos los niños a su turno, hasta que al fin, demasiado cansados para correr más, José y Gerardo los enviaron a sus casas y llevaron sus resistentes trineos de nuevo al cobertizo.

—Bueno, ha sido un día maravilloso —dijo Gerardo—, pero la tarde fue lo mejor de todo.

—Así fue —asintió José—. ¡Cómo nos hemos divertido! La mañana en la colina no fue nada comparada con esto.

—Sabes, José —dijo Gerardo—, yo había decidido que nunca dejaría a nadie usar mi trineo, pero no comencé realmente a disfrutar de él hasta que lo compartí con los otros.

—Yo creo que por eso los dos nos sentimos más felices por la tarde, ¿no lo crees? —fue la respuesta de José.

H. BAERG

HISTORIA **18**

Cuando el Pozo se Secó

¡GABRIELA tenía tanta sed! No se podía hallar una gota de agua en ninguna parte. Por muchos días no había llovido. Ni una nube había cruzado el cielo, y el fuerte sol africano había quemado toda la tierra en cientos de kilómetros cuadrados. Los ríos y arroyos se habían secado, y ahora, para colmo, el profundo pozo que estaba junto a la granja estaba seco también.

El papá de Gabriela no sabía qué hacer. Había trabajado arduamente por muchos años para construir aquella casa y mejorar su tierra. Ahora parecía que estaba a punto de perderlo todo. Sus cosechas estaban marchitas y, peor aún, su ganado se estaba muriendo de sed porque no había agua para darle. ¿Qué podía hacer?

Reuniendo a su familia, les dijo cuán seria era la situación

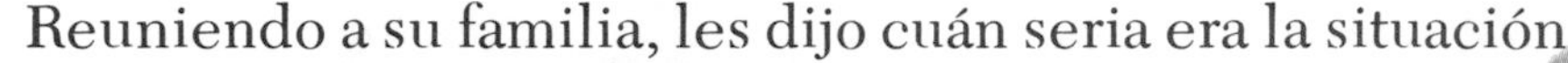

y que debían orar a Jesús para que les enviara lluvia.

Así que todos se arrodillaron —la mamá, el papá, Gabriela y su hermanita menor— y juntos oraron como nunca antes lo habían hecho. El padre y la madre oraron fervientemente que, de algún modo, Jesús les enviara lluvia para salvar la cosecha y para evitar la muerte del ganado.

Cuando le llegó el turno de orar a Gabriela, ella oró de otra manera. Pidió: "Querido Jesús, si tú no envías lluvia, por favor envía un poco de agua al pozo".

El papá sonrió, porque no podía ver cómo habría agua en el pozo si no llovía. Pero Gabriela no pensaba en eso. Ella confiaba que Jesús podía hacer cualquier cosa; y cuando se pu-

sieron de pie ella dijo que estaba bien segura de que Jesús iba a contestar su oración.

El padre y la madre fueron a hacer sus diferentes tareas de la casa, pero Gabriela desapareció. Había ido al pozo para observar.

Empujó y tiró la tapa del pozo y finalmente tuvo éxito en moverla lo suficiente como para poder mirar adentro. Pero el pozo era tan hondo y oscuro que no pudo ver nada. Tomando una piedra, la dejó caer adentro y escuchó atentamente. Esperó sin respirar. Entonces... ¡Plop!

Inmediatamente se dirigió a la casa tan rápido como se lo permitían sus piernas.

—¡Jesús envió agua! —gritó—. ¡Jesús envió agua!

El padre no podía creerlo, pero fue corriendo al pozo para ver, con la mamá y los trabajadores de la granja que los seguían de cerca. El arrojó adentro otra piedra, y se oyó otro ¡plop!

Un momento después la bomba estaba trabajando y pronto salió del pozo una corriente de agua clara y fresca.

¡Qué felices y agradecidos estaban todos! Y, ¿saben ustedes?, desde ese día en adelante el pozo nunca se secó. Por supuesto, alguien dirá: "Fue una casualidad". Pero Gabrielita sabe cuál es la razón. Ella dice que Jesús envió el agua al pozo y contestó la oración de una niñita. Y yo creo que ella tiene razón.

HISTORIA **19**

El Regalo Extra de Adelita

FALTABA una semana para la Navidad. Adelita, de ocho años, y su hermanito Marcos, andaban de compras con su mamá.

¡Qué momentos felices estaban pasando! Era una gran diversión usar el dinero que habían estado ahorrando durante los últimos meses para comprar regalos para todos.

Los brazos de Adelita estaban llenos de paquetes. Ella tenía un regalo para papá, otro para Marcos y uno muy especial para mamá. ¡Oh!, sí, y aun traía otro para la tía Juana y uno chiquito para la primita María, de sólo seis meses de edad.

La madre también tenía un montón de paquetes, y estaba parada ante un mostrador en la sección de juguetes comprando un regalo más cuando sucedió lo peor que podía ocurrir. ¡Marcos había desaparecido!

Adela fue la primera en notar su ausencia.

—¡Mamá! —llamó—. ¿Dónde está Marcos?

La madre miró alrededor ansiosamente.

—¿Marcos? ¿No está contigo?

—No. Se escapó. ¿Cómo podremos hallarlo entre tanta gente?

—¡Qué desgracia! —exclamó la mamá—. No puedo dejar el mostrador en este momento. Estoy pagando la cuenta. Anda y busca a tu hermanito.

—Pero se me van a caer los paquetes —dijo Adelita.

—Ponlos aquí y yo los voy a cuidar.

Rápidamente Adelita colocó sus paquetes sobre un montón de libros y se apresuró a buscar a su hermanito.

—¡Marcos! ¡Marcos! —llamaba mientras corría entre los compradores que andaban por los pasillos y los que estaban amontonados junto a los mostradores.

Ella estaba segura de que Marcos todavía estaba en algún lugar en la sección de juguetes, lo más probable mirando alguna cosa que le había llamado la atención.

Y estaba en lo cierto. Dando vuelta a un recodo, lo vio sentado en una "nave espacial", muy feliz y sin pensar que su madre y su hermana mayor lo buscaban.

—¡Marcos! —gritó Adelita—. No debieras haberte escapado. Mamá está muy preocupada por ti.

Tomándolo firmemente de la mano, Adela se apresuró a volver a donde estaba su mamá.

—Aquí está —dijo—. ¿Dónde están mis paquetes?

—Allí —dijo la madre—, sobre ese montón de libros. Tómalos y vamos a casa antes que Marcos haga otra travesura.

Adelita recogió sus paquetes, los acomodó tan cuidadosamente como pudo debajo del brazo, y siguió a la mamá y a Marcos a la puerta y luego al autobús y a casa.

—¡Bueno! —gritó Adelita mientras separaba sus cosas en la mesa de la cocina—. ¡Mira, mamá! ¡He conseguido un regalo extra!

—¿Qué quieres decir? —preguntó la madre.

—¡Sí, mamá, mira! —exclamó levantando un hermoso libro con ilustraciones de animales.

—¿Lo compraste? —preguntó la mamá.

—No —dijo Adelita—. Nunca lo vi antes.

—Entonces, ¿cómo lo conseguiste?

—No sé. Lo encontré aquí sobre la mesa.

—Adelita —dijo seriamente la madre—, tú debes haberlo tomado en la tienda por equivocación.

—Tal vez —asintió Adelita.

La madre miró el libro.

—Es muy bonito —dijo—. ¡Y mira el precio! ¡Es carísimo!

—¡Y pensar que me traje un libro como éste a casa, sin saberlo! —dijo Adelita—. Espero que nadie crea que lo robé.

—¿Qué piensas que debiéramos hacer ahora? —preguntó la mamá.

—¡Oh! —contestó Adelita en seguida—, estoy segura de que Jesús desea que lo lleve de vuelta, ¿no es cierto?

—Sí, ya lo creo —dijo la madre—. Y me alegro de que pensaste en eso primero. Sería lindo si le escribieras una notita al gerente, diciéndole cómo sucedió. Entonces envolveremos el libro cuidadosamente y lo enviaremos de vuelta.

—Tal vez deba escribir la carta ahora mismo —dijo Adelita.

—Es una buena idea —contestó la mamá—. Y yo voy a preparar la cena.

Así que Adelita escribió una notita. Decía así:

"Estimado Sr. Gerente: Esta tarde cuando estaba en su negocio tomé un libro por error con mis otros paquetes. No me di cuenta de ello hasta que llegué a casa. Lo siento mucho. Y como no pagué por él estoy segura que Jesús quiere que se lo envíe de vuelta. Así que estoy devolviéndolo. Respetuosamente, Adela".

La madre leyó la nota y le dijo que estaba muy bien. Entonces ella la puso dentro del libro, y lo envolvió para enviarlo por correo.

Pocos días después, un poco antes de Navidad —y esto es absolutamente verídico— Adelita recibió una contestación a su carta. El gerente le escribió diciéndole cuán complacido estaba de saber que había una niñita tan honrada en la ciudad; y ya que ella le había devuelto el libro tan pronto, él le estaba enviando un pequeño regalo para mostrarle su aprecio.

Cuando el regalo llegó, resultó ser un par de hermosas chinelas rojas. Eran tan lindas, y tan inesperadas, que Adelita apenas podía creer lo que veían sus ojos. Se las puso en seguida y comenzó a danzar de puro gusto. Cada vez que se las ponía sentía como una llama que ardía adentro: ¡tan contenta estaba de haber hecho lo correcto y devuelto aquel libro!

HISTORIA **20**

Diecisiete Cobardes

JORGE entró precipitadamente en la casa y se dejó caer sin aliento en una silla. Parecía asustado.

En aquel momento el padre regresó del trabajo.

—¿Qué pasa, Jorge? —preguntó ansiosamente.

—¡Oh!, nada —contestó Jorge.

—Sí, algo pasa —dijo el padre—. Lo puedo decir por la expresión de tu cara. ¿Qué ha pasado?

—Bueno, papá —dijo Jorge retorciéndose nerviosamente en la silla—, mira, nosotros estábamos jugando a la pelota en aquel terreno baldío cerca de la casa de la señora Beloni. Tú sabes dónde está, papá, casi a un kilómetro de aquí.

—Sí, lo conozco bien —dijo el padre—. Yo acostumbraba a jugar allí cuando era muchacho.

—Bueno, papá, la pelota... —vaciló Jorge.

—Ya sé lo que vas a decir —dijo el padre—. La pelota atravesó la ventana de la señora Beloni.

—Bueno, sí, papá. Eso fue lo que sucedió. Fue un accidente, ¿pero cómo lo supiste?

—Simplemente lo adiviné —dijo el padre—. Pero dime, Jorge, ¿por qué estás tan asustado?

Diecisiete muchachos se hallaban jugando al béisbol en el baldío, cerca de la casa de la señora Beloni.

M. DE V. LEE

—No estoy realmente asustado, papá —dijo Jorge—, pero, tú sabes, la señora Beloni es una anciana de tan mal genio. Ella hace mucho problema por cualquier cosita como ésa.

—Bien, ¿qué hicieron todos ustedes cuando rompieron el vidrio de la ventana?

—Nos escapamos.

—¡Se escaparon!

—Sí.

—Bien, ¿cuántos muchachos estaban jugando?

—Diecisiete.

—¿Y quieres decirme que todos los diecisiete salieron corriendo, por miedo de lo que una anciana podía decirles?

—Sí, papá —dijo Jorge, bajando un poco la cabeza.

—Bueno —dijo el padre—, todo lo que puedo decir es que pienso que ustedes han sido diecisiete cobardes; eso es todo.

A Jorge no le gustó oír esas palabras, pero reconoció que la acusación era justa. Por un momento trató de defenderse.

—Pero, papá, la señora Beloni es una vieja enojona —dijo.

—No importa lo que ella sea —replicó el padre—. Si ustedes rompieron su ventana, debieran haber tenido el valor de ir y decirle que lo hicieron y ofrecerle pagar por el daño. No les hubiera costado más que unos pocos centavos a cada uno. De paso, ¿quién arrojó la pelota que rompió el vidrio?

Jorge vaciló.

—Este..., este... —empezó.

—Vamos, dímelo —dijo el padre—. No pueden haber sido diecisiete pelotas, ni pudieron ser diecisiete muchachos los que rompieron el vidrio a la vez.

—Es verdad, papá.

—Entonces, ¿quién fue el que tiró la pelota que rompió el vidrio?

—Fui yo —dijo Jorge, muy avergonzado.

—Eso pensé —dijo el papá—, sólo quería que confesaras. Y ahora no importa lo que los otros hagan, tú debes ir en seguida a la casa de la señora Beloni, decirle que lo lamentas, y preguntarle cuánto cuesta reparar el daño.

—Yo no puedo, papá —exclamó Jorge, muy alarmado—. Simplemente no puedo. Ella es una vieja gruñona.

—Pero debes ir —contestó el padre severamente—. Eso es lo correcto. Y lo que es más, ninguno de mis muchachos debe ser un cobarde que no quiera disculparse cuando ha hecho una cosa como ésta. Así que límpiate, y vamos.

—¿Quieres decir que tú irás conmigo?

—Sí, iré contigo hasta el portón de la señora Beloni; entonces tú irás a la puerta y hablarás con ella solo.

—¡Oh, qué pena! —murmuró Jorge para sí, mientras se levantaba de la silla y se dirigía al cuarto de baño para lavarse las manos y peinarse.

Pronto bajó de nuevo las escaleras, donde el padre estaba listo esperándole. Juntos se dirigieron a la casa de la anciana.

No fue un viaje muy feliz, por lo menos para Jorge. Se sentía tan asustado como si estuviera yendo a un examen o a la cárcel.

—¿Realmente tengo que ir? —preguntó después de un rato.

—Sí —dijo el padre—. No hay otro camino. Y te sentirás mucho más feliz cuando hayas hecho lo correcto.

Reinó de nuevo el silencio. Siguieron caminando; Jorge

deseaba que la distancia fuera de treinta kilómetros de modo que el padre se cansara y desistiera.

Por fin dieron vuelta una esquina y llegaron al campo baldío donde había ocurrido el accidente. La casa de la señora Beloni estaba a la vista y también el vidrio roto.

—Aquí estamos —dijo el padre, cuando llegaron a la puertecita blanca, a la entrada de la propiedad de la señora Beloni—. Es mucho mejor que hagas esto por ti mismo. Yo voy a estar cerca por si me necesitas.

Ahora Jorge no tenía nada más que hacer que ir solo; pero mientras iba subiendo por el sendero estaba seguro de que la señora Beloni lo estaba observando.

Y todo el tiempo siguió pensando: ¿Qué dirá cuando sepa que fui yo quien le rompió la ventana?

Jorge tocó el timbre. Sonó fuerte y largo, como un toque de muerte. La puerta se abrió, y allí estaba la señora Beloni. Para sorpresa de Jorge ella sonreía. No había esperado eso.

—¿Cómo estás? —le dijo bondadosamente—. ¿Qué deseas?

—Bueno..., este..., bueno... —tartamudeó Jorge todo ruborizado—, yo... este..., yo..., este... soy el muchacho que..., este..., tiró la pelota que..., este..., rompió su ventana esta tarde, y yo..., yo lo siento mucho.

Jorge titubeó y entonces se retiró un poco como si esperara que una bomba explotase.

Pero no sucedió tal cosa. En lugar de eso oyó una dulce voz que le decía:

—Estoy orgullosa de ti, hijo. Muchas veces me han roto los vidrios de esta manera, muchísimas veces, pero tú eres el primer muchacho que ha venido a decírmelo. Eres un verdadero caballero. Seguramente has sido bien criado. Debes tener padres maravillosos.

—¡Oh! —dijo Jorge—, allí está mi papá. El vino conmigo.

Desde luego, el padre tuvo que subir el sendero y unirse a ellos.

—Usted tiene un buen muchacho —dijo la señora Beloni—. En realidad, creo que es el mejor niño que he conocido en mi vida. Usted sabe, señor, otros muchachos me han roto vidrios, pero ninguno de ellos ha tenido la honradez de decírmelo.

—Bien, señora Beloni —dijo el padre—, Jorge y yo queremos pagarle para reponer el vidrio.

—¡Oh! —dijo la señora Beloni—. No quiero que ustedes paguen cuando los demás nunca lo han hecho. Yo creo que tengo un vidrio.

Jorge estaba radiante.

—Entonces Jorge y yo se lo colocaremos —dijo el padre.

Los tres conversaron mientras se colocaba el vidrio en su lugar.

Después de eso el padre y Jorge se despidieron y regresaron a su hogar.

—Supongo —comentó el papá— que no lamentas haber venido a verla.

—Aseguro que no —dijo Jorge—. Ella es buena como un ángel. Yo nunca hubiera soñado que la señora Beloni fuera así. Por qué será que los muchachos dicen que ella es mala. No es nada mala. No pudo haber sido más bondadosa y considerada.

—Los niños dicen esas cosas a veces porque no entienden —dijo el padre—. De paso, Jorge, ¿no te sientes mejor ahora que has corregido la falta y has hecho algo con valentía?

—¡Ya lo creo! —dijo Jorge—. ¡Podría ir hasta la luna!

VERNON
NYE 49

HISTORIA **21**

Las Pantuflas de Tomás

TITO no estaba contento. Se sentía con ganas de quejarse por todo. Los niñitos se quejan de vez en cuando, generalmente cuando quieren lo que no pueden conseguir o cuando no les gusta lo que reciben.

Esta vez la causa del descontento era una caja de pinturas. Vean, ustedes, Tito tenía una caja de pinturas y Tomás, su hermano, otra. Por desgracia, Tomás había gastado todas las pinturas de su caja. A él le gustaba echar demasiada agua en la pintura y entonces pintar grandes cuadros en los periódicos del papá. Así su caja de pinturas pronto se vaciaba.

Siendo éste el caso, Tomás empezó a dirigir miradas codiciosas a la caja de pinturas de Tito; y como Tito había pintado cuadros más pequeños que Tomás, tenía mucha pintura todavía y no le parecía justo que las tuviera que compartir con él.

Por esto se pelearon. Tomás le arrebató a Tito la caja de pinturas, y Tito trató de defender su caja pinchándole la nariz a Tomás con el pincel. Realmente daba pena verlos, y las cosas hubieran empeorado mucho si la madre no hubiese aparecido en escena mandando a los dos al jardín para que se apaciguaran.

Tomás le prestó una de sus pantuflas a Tito, y juntos subieron las escaleras.

V. NYE

Pero Tito no olvidó sus disgustos y estuvo enojado todo el tiempo por lo que su hermano había hecho. Le dijo a Tomás que nunca le permitiría usar sus pinturas, nunca en toda su vida.

Por fin los llamaron a la cena. Y entonces otra cosa anduvo mal. Ellos debían cambiar sus zapatos por pantuflas cuando entraban en la casa, pero cuando trataron de hacerlo Tito descubrió que las suyas no aparecían. Buscó arriba y abajo, pero no se las veía en ninguna parte.

Para entonces Tomás ya se había puesto sus pantuflas, lo que desesperó más a Tito.

—Uh, uh, uh —empezó a lamentarse nuevamente—, no puedo encontrar mis pantuflas. ¡Uh, uh, uh!

Una vez más buscó por todos los rincones imaginables, andando aquí y allá en medias y llorando.

—Uh, uh, uh, alguien agarró mis pantuflas.

Y entonces sucedió algo hermoso.

Mientras el pobre Tito entraba de nuevo en el comedor

llorando desconsoladamente, Tomás se quitó una de sus pantuflas y le dijo:

—Aquí tienes, Tito; vamos a usar una cada uno.

El rostro de Tito se iluminó con una sonrisa mientras la tomaba ansiosamente y se la ponía en el pie izquierdo. Entonces, tomados de la mano, fueron juntos a buscar las pantuflas de Tito. ¡Qué divertido era oírlos dando vueltas por toda la casa —clap, pum, clap, pum, clap, pum— cada uno con un pie en una pantufla!

De repente hubo una exclamación de alegría. ¡Habían encontrado las pantuflas de Tito! En su lugar habitual, por supuesto, debajo de la cama. Muy contentos bajaron las escaleras juntos, tomados de la mano y con las caras radiantes de alegría.

Después de la cena se les permitió quedarse levantados un ratito más, mientras la mamá terminaba de planchar antes de acostarlos.

Así que empezaron a pintar el periódico del papá otra vez, y se podía ver dos pinceles moviéndose vigorosamente y en perfecta paz en la caja de pinturas de Tito.

La feliz y sencilla ocurrencia de Tomás había disipado todo el descontento.

HK

HISTORIA **22**

Daniel y los Aviones de Combate

PARECIA como si todos los niñitos del vecindario fueran a la guerra. Daniel estaba en la puerta de su casa y los miraba con grandes ojos ansiosos mientras ellos pasaban ligero.

Algunos llevaban fusiles de madera sobre sus hombros; otros tenían espadas de madera; y otros, palos puntiagudos que hacían las veces de lanzas.

—¿Adónde van? —les preguntó a algunos niños que él conocía.

—¡Ven con nosotros! —le gritaron entusiasmados—. Vamos a pelear con el enemigo.

—¿Quién es el enemigo? —preguntó Daniel.

—Encontramos un nido de avispas en el bosque y vamos a pelear con ellas.

—¡Mamá! —gritó Daniel entrando en la casa—. ¿Puedo ir a la guerra con todos los niños?

—¿Qué es esa tontería? —preguntó la madre.

—Se van todos al bosque a pelear con las avispas, y todos tienen espadas, fusiles y otras cosas. ¡Déjame ir también, por favor, mamá!

Entonces el papá también preguntó lo mismo que la mamá:

Dos días más tarde vio que los muchachos pasaban frente a su casa, como lo habían hecho antes, cada uno con un "arma" de guerra.

—¿Qué es toda esa bulla?

Y cuando supo de qué se trataba, dijo que Daniel no iría a ninguna parte.

—Es una aventura tonta —le dijo—. Las avispas son enemigas muy peligrosas y uno debe tener un equipo apropiado para pelear con ellas. No pienses ganarlas con unos pedazos de madera. No, Daniel, no puedes ir.

Así que era asunto concluido, y Daniel tuvo que contentarse con quedar parado en la puerta esperando que los niños regresaran.

Después de lo que le pareció un siglo, los niños pasaron apresuradamente, agitando sus armas en el aire y gritando que habían tenido una gran victoria.

Pero qué le hicieron a las avispas nunca pudo saberse.

Dos días después vio que los niños pasaban cerca de su casa otra vez, tal como lo habían hecho antes, cada uno con su "arma" de guerra.

—Ven, Daniel —le gritaron—. ¡No seas cobarde!

—Papá dice que no puedo ir —les contestó.

—¡Oh, ven! —lo llamaron—; a él no le va a importar. Vamos a divertirnos.

Daniel vaciló. El podría ir con los niños y volver sin que papá supiera nada, porque estaba lejos en su oficina y no regresaría hasta la tarde. La mamá también estaba ausente. Sería tan divertido ir con los amiguitos, y él quería tanto saber cómo peleaban con las avispas con espadas y lanzas de madera.

Así que tomando un pedazo de madera para hacerse un arma, salió hacia la batalla.

Al llegar al bosque, algunos de los niños más grandes empezaron a buscar un nido de avispas, y no pasó mucho tiempo antes que uno gritara:

—Encontré uno. Aquí está. ¡Y miren, qué avispas grandes!

Y eran insectos grandes. En realidad, no eran avispas, sino avispones, y antes de mucho *ellos* estaban en batalla, y los pobres niños corrían atropelladamente en todas direcciones.

Uno de los avispones se encontró con el pobre Daniel y le clavó el aguijón en el labio superior, justamente debajo de la nariz. En unos minutos el pobre muchacho tenía una enorme y dolorosa hinchazón.

¡Cómo deseaba, al correr hacia casa, no haber desobedecido a su papá! ¿Qué diría? ¿Acaso podría el padre hacerle alguna cosa peor que el tremendo dolor que estaba sufriendo?

Cuando la madre vio lo que había sucedido, se asustó mucho, así que lo llevó al médico. Daniel sufrió tanto, que el papá sintió que ya había recibido suficiente castigo. Pero un día, cuando Daniel estaba mejor, el padre le dijo:

—De manera, Daniel, que los niños no ganaron aquella batalla que fueron a pelear.

—No —dijo Daniel—. El enemigo tenía demasiados aviones de combate. No pudimos hacer nada.

—Creo que fue otra la razón —dijo el padre—. Dos razones, en realidad.

—¿Cuáles? —preguntó Daniel.

—Primera, ustedes no tenían el equipo apropiado: cañones antiaéreos. Y segunda, ustedes no obedecían órdenes.

—Tal vez tengas razón, papá —dijo Daniel.

Y por supuesto que la tenía.

HISTORIA 23

Una Caída Peligrosa

ESA tarde no había clases y Juan estaba disfrutando con algunos amigos el tiempo libre en el parque.

Todos habían llevado su comida, y después de haber jugado a la mancha y a muchos otros juegos, se sentaron bajo un viejo y hermoso roble para saborear las buenas cosas que sus madres les habían preparado.

Pronto habían terminado, y como no tenían otra cosa mejor que hacer empezaron a arrojarse cáscaras de bananas y naranjas y a desparramar los papeles de la comida por todas partes.

De pronto, de atrás del roble, apareció un anciano. Iba a pasar cerca de los chicos, pero pisando sobre una cáscara resbaló y cayó pesadamente al suelo.

De un salto Juan estuvo a su lado, e hizo lo mejor que pudo para ayudarle a ponerse de pie.

—Espero que no se haya lastimado, señor —le dijo.

—Creo que no —dijo el anciano—. Sólo estoy un poco tembloroso. Creo que me voy a sentar un ratito en el banco, si puedo. Tengo que descansar unos minutos.

Juan le ayudó a llegar hasta el banco y los niños se acercaron para ver si el señor se había lastimado.

—Creo que estoy bien —les dijo—, pero como soy anciano, una caída como ésta es peligrosa. Es una lástima que la gente sea tan descuidada con las cáscaras, ¿no lo creen ustedes?

—Sí —dijo Juan, con una mirada culpable dirigida a los otros niños.

—Espero que ustedes, muchachos, nunca arrojen cáscaras de fruta por todos lados.

—¡Hum! —dijo Juan, sonrojándose un poco.

—Eso es ser egoísta, ¿no les parece? —siguió diciendo el anciano.

—Creo que sí —asintió Juan.

—Si la gente tan sólo pensara en el dolor que puede causarles a otros, estoy seguro de que nunca lo harían.

—No —dijo Juan.

—Y miren todos esos papeles desparramados —dijo el caballero—. Algunas personas perezosas y descuidadas deben haber estado aquí hace un rato.

—Sí —dijo Juan, porque no había otra cosa que pudiera decir.

—Si sólo —prosiguió el caballero—, si sólo la gente se detuviera a pensar en los demás, nunca dejaría un desorden como éste, ¿verdad?

—Cierto —dijo Juan, poniéndose cada vez más incómodo.

—Ustedes saben —dijo el anciano—, que éste es un hermoso parque, pero si todo el mundo dejara un desparramo como éste, no valdría la pena venir aquí. Si estuviera todo cubierto de papeles sucios y cáscaras de naranjas y bananas, a ustedes, niños, no les gustaría jugar aquí. El lugar sería no sólo desagradable, sino también peligroso. ¿No es así?

—Así es, señor —respondieron Juan y los demás muchachitos al unísono.

—Bueno, muchachos, me siento mejor ahora. Gracias por haberme ayudado. Creo que seguiré mi camino. Aquí hay algo para ti, hijo, para que compres algunas golosinas.

Y diciendo así, para el asombro de Juan, le puso en la mano una moneda y se fue.

Los niños se miraron unos a otros.

—Yo pensé que nos iba a reprender —dijo uno.

—El no nos vio —dijo otro.

—No lo crean —dijo Juan—. Yo creo que vio todo lo que hicimos.

—Sin embargo supo disimular —dijo un tercero.

—Y me gustó lo que dijo —agregó Juan—. Fue muy bondadoso.

—Tienes razón —dijo otro—. Y ésta es la última vez que voy a arrojar desperdicios.

—Yo pienso lo mismo —dijo Juan, y empezó a levantar algunas de las cosas que habían desparramado tan descuidadamente un ratito antes. Fue extraño, pero los demás niños tuvieron la misma idea. No hablaron mucho mientras lo estaban haciendo, pero en el espacio de pocos minutos todas las cáscaras y los papeles habían sido levantados y puestos en uno de los depósitos de basura del parque.

—Bueno —dijo Juan, mientras iban a dar buen uso a la moneda—, creo que no vamos a ensuciar otra vez este lugar.

—¡No, no lo haremos! —dijeron en coro los otros.

Y en verdad no lo volvieron a hacer.

HISTORIA **24**

Ernesto y las Grosellas

A ERNESTO le gustaban las grosellas. Le gustaban tanto que, cuando apenas estaban madurando, le costaba mucho pasar por la huerta sin tomar alguna. ¿Dije alguna? Debiera decir varias, porque a menos que alguien estuviese mirando, Ernesto —me da pena decirlo— tomaba tantas como pudieran caber en sus manos y en sus bolsillos.

Ahora bien, sucedía que a mamá también le gustaban mucho las grosellas, por no mencionar al padre, a quien le agradaba pasar entre las plantas, probando el sabor de las diferentes variedades.

Un día el papá fue a la huerta para dar un paseo, esperando conseguir una o dos grosellas grandes y jugosas en las plantas.

Pero cuando llegó, no se veía ninguna. Hasta una, la más grande que había y que el papá había estado esperando que madurara, había desaparecido. Los arbustos estaban sin frutas, como si un gran viento hubiera soplado y barrido con todas las grosellas.

—Quisiera saber quién pudo haberlas sacado todas —se dijo el papá—. Seguramente que no habrá sido Ernesto, porque le he dicho muchas veces que no las saque. A lo mejor los

pájaros han estado aquí otra vez, o quizá las ha recogido mamá para hacer mermelada.

En ese preciso instante una alegre voz lo llamó.

—¡Papá! ¡Ven a ver mi huerta!

Era Ernesto.

El papá fue hacia la porción que le había dado para que el niño la cultivara.

—¡Mira, papá, estas bonitas flores! ¿No son hermosas?

—Ciertamente lo son —dijo el papá—. Has tenido lindas manzanas también.

—De veras que son hermosas —dijo Ernesto—. Y espero que nadie me las saque.

—¿No crees que eres un poco exigente? —dijo el padre.

—Ya sé que lo soy —dijo Ernesto—. He esperado todo el

año para tenerlas. Por eso aboné el árbol, lo regué y saqué todas las malezas. De modo que no deseo que nadie tome mis manzanas. Si mi hermanito las toca, le voy a dar unas buenas palmadas.

—Ya veo —dijo el padre, observando el resto de la huerta de Ernesto y deteniendo su mirada en un montón verde que estaba medio escondido por una hoja de repollo.

Ernesto, notando la dirección de la mirada del papá, rápidamente puso un pie sobre la hoja de repollo y empezó a hablar de sus girasoles.

—Qué gran girasol es ése, ¿no te parece? —dijo sonrojándose un poco.

Pero el papá no estaba interesado en los girasoles, sino en los repollos.

—Lindos repollos éstos —comentó—. Has trabajado bien, Ernesto. Déjame tocar el corazón de éste. No debieras pisar las hojas de tan lindas plantas.

Ernesto se sonrojó más todavía cuando el papá se inclinó para tocar el repollo.

—Yo no sabía que tenías matas de grosellas en tu huerta —dijo el padre bastante serio cuando se incorporó de nuevo.

—No tengo —dijo Ernesto con voz que casi no se oía y sonrojándose más aún.

—¿Entonces de dónde salieron estas grosellas?

—De allá, de la huerta —contestó Ernesto.

—¡Qué lástima! —dijo el papá—. Creí que podía confiar en mi hijo. ¿No te parece que es una desobediencia sacar todas las grosellas cuando sabías cómo he estado esperando todo el año por ellas? ¿No me has visto horas escardando, podando y fertilizando las plantas?

Ernesto reconoció su falta y se sintió muy molesto.

—Es muy malo lo que has hecho —dijo el padre—. Y de alguna manera debes aprender a no hacerlo otra vez. Viendo que has comido de mis grosellas, creo que voy a probar algunas de tus manzanas.

Así que el papá empezó a arrancar las más maduras.

—¡No, no, no! —gritó Ernesto, rompiendo a llorar—. ¡No debes arrancar mis manzanas! ¡Son mías! ¡Las he cuidado yo solo!

—¿Y qué en cuanto a mis grosellas? —replicó el padre, procediendo a comer la más grande y rosada de las manzanas—. Si decimos que seis grosellas equivalen a una manzana, pienso que tengo derecho a todas las manzanas de este árbol.

—¡Pero tú no debes sacarlas todas! —exclamó Ernesto frenéticamente.

—No lo haré, con una condición.

—¿Cuál? —preguntó Ernesto.

—Que me prometas no tomar nunca más cosas que no te pertenecen.

—Muy bien. Lo prometo —dijo Ernesto.

—Sí —dijo el padre—, y recuerda lo que dice la regla de oro acerca de hacer a los demás como quisieras que te hiciesen a ti.

Ernesto trató de recordarlo, y el año siguiente recogió sus propias manzanas, mientras que el papá tuvo todas las grosellas que quiso.

HISTORIA **25**

Las Manos de Dios

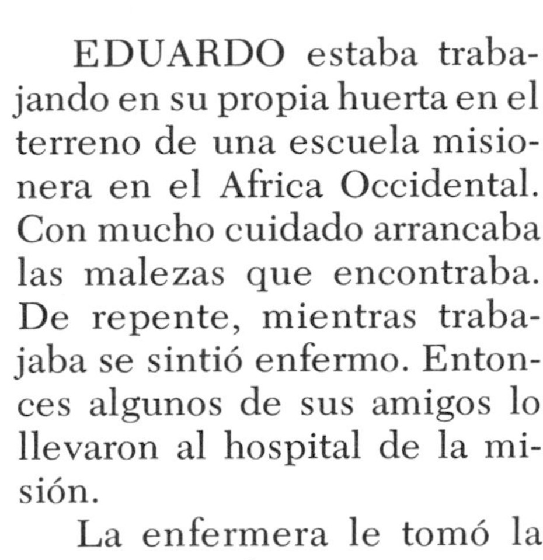

EDUARDO estaba trabajando en su propia huerta en el terreno de una escuela misionera en el Africa Occidental. Con mucho cuidado arrancaba las malezas que encontraba. De repente, mientras trabajaba se sintió enfermo. Entonces algunos de sus amigos lo llevaron al hospital de la misión.

La enfermera le tomó la temperatura, lo puso en cama y llamó al doctor.

Su enfermedad fue una gran desilusión para Eduardo, porque faltaban sólo tres semanas para la inspección anual de todas las huertas que efectuaba el director y él había es-

perado tanto ganar el premio ese año.

Cada día había trabajado con el mayor ahínco, cavando, plantando, escardando y esforzándose al máximo para hacer de su huerta la mejor de la misión. Pero ahora todas sus esperanzas desaparecían.

Mientras estaba en el hospital imaginaba las malezas creciendo (crecen muy rápido en el oeste de Africa) y echando a perder todo lo que había hecho. Al acercarse el día de la inspección no se le permitió levantarse; por eso no había posibilidad de ganar. Los otros muchachos estarían trabajando arduamente en sus huertas, haciéndolas lucir espléndidas. El no tenía ninguna probabilidad.

Mientras tanto algo estaba sucediendo en la misión. Daniel, el amigo íntimo de Eduardo, tuvo una brillante idea. El

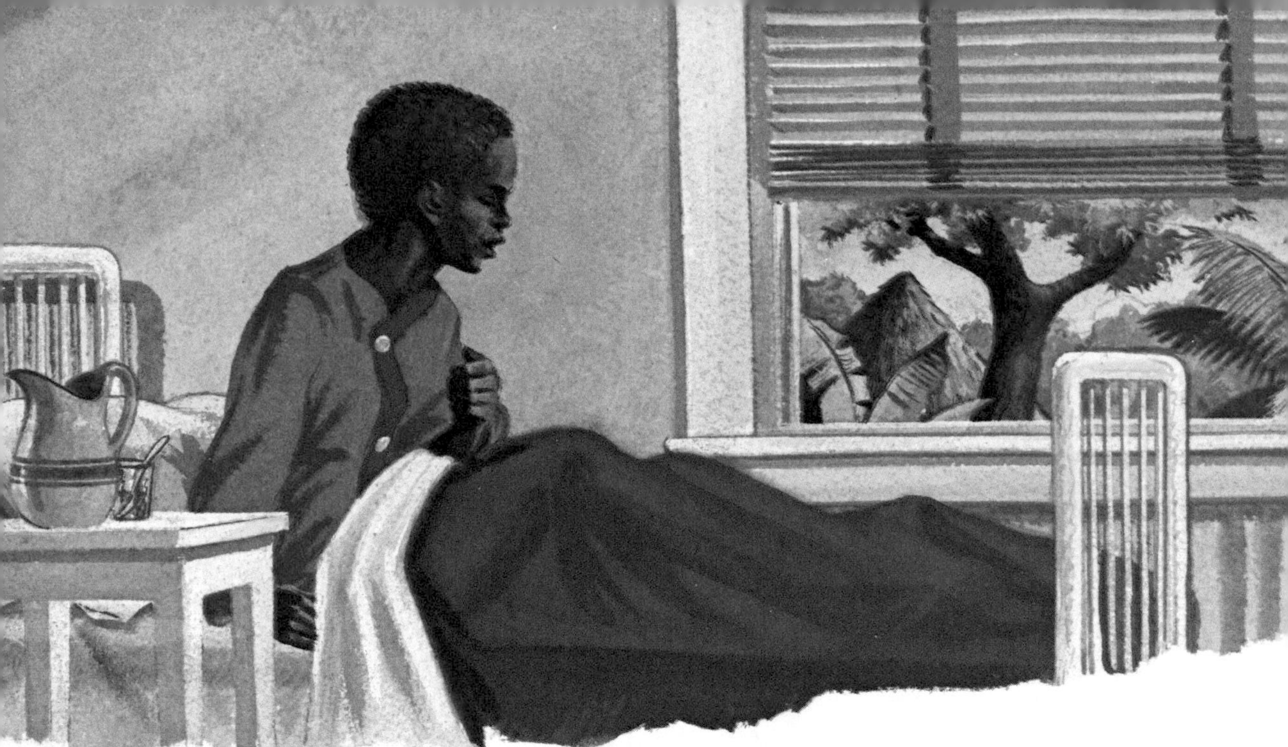

también estaba preparándose para la competencia, pero pensó que era una lástima que Eduardo no tuviera oportunidad alguna por causa de su enfermedad. Habló con los otros muchachos y todos estuvieron de acuerdo en dedicar cada día un poquito de su tiempo para limpiar y cuidar la huerta de Eduardo hasta que llegara el día de la inspección. Aun cuando trataban de tener sus propias huertas en la mejor condición, también cuidaban la del pobre muchacho enfermo que no podía atenderla.

Por fin llegó el día de la inspección. Eduardo todavía estaba en cama en el hospital, y se encontraba descorazonado. Le parecía ver su huerta cubierta de malezas. Se imaginó al superintendente recorriendo todo y diciendo: "¿De quién es esa huerta con todas esas malezas?" Entonces le parecía oír a algunos de los muchachos decir: "¡Oh!, ésa es de Eduardo".

Qué pena, pensaba, que esto tuviera que suceder después de tanto trabajo, siendo que él había trabajado más arduamente que los demás. Pero ahora no había nada que pudiese hacer.

Eduardo se sentía muy miserable cuando de pronto la puerta de la sala se abrió, y para su gran sorpresa entraron el director y un grupo de muchachos. ¿Qué es esto?

—Hemos venido para felicitarte —dijo el director— por haber ganado el premio a la huerta mejor cuidada este año.

—¿A mí? —preguntó Eduardo con los ojos muy abiertos.

—Sí, a ti —respondió el director.

—Pero..., pero... está toda cubierta de malezas.

—No estaba así cuando yo la vi esta mañana —dijo el director.

—Pero..., ¿cómo... qué...? —empezó Eduardo.

—Todo está bien —dijo Daniel con una guiñada—. Nosotros estamos contentos de que tú hayas ganado el premio. Sabes, Dios no permitió que las malezas crecieran en tu huerta porque tú merecías ganar; él sabía que habías trabajado con más afán que todos nosotros.

—Así es —dijo el director—; pero creo que Dios tuvo algunas manos ayudadoras.

Al oír esto todos los muchachos se rieron felices y corrieron de nuevo a sus trabajos, mientras Eduardo quedó rebosando de felicidad.

HISTORIA **26**

El Descubrimiento de Papá

UN DIA Rolando regresó de la escuela con cara de enfermo. Al entrar a la casa, cruzó el comedor y se dejó caer en un sillón.

—¿Qué te pasa, Rolando? —preguntó la mamá—. Parece que no te sientes muy bien.

—Estoy enfermo —dijo Rolando.

—¿Qué has estado comiendo en la escuela hoy? —preguntó la madre.

—No he comido nada desde el almuerzo —dijo Rolando. No me siento bien. No te preocupes. Estaré mejor mañana.

—Bueno, la cena está casi lista.

—No quiero cenar.

—¿Qué quieres?

—¡Oh!, nada. No quiero nada. Me voy a ir a la cama temprano.

—Papá estará de vuelta a las siete; mejor que esperes hasta entonces; a él le gusta encontrarte aquí.

—No —dijo Rolando—, me voy ahora. En seguida.

Así diciendo subió las escaleras, y por los ruidos de arriba la madre supo que ya se estaba desvistiendo.

A las siete llegó el papá.

—¿Dónde está Rolando? —preguntó.

—En cama —dijo la madre.

—¡En cama! —repitió el papá con sorpresa—. ¿Por qué? Subiré a verlo.

El papá subió a grandes zancadas las escaleras y entró en el cuarto de Rolando.

—¿Qué sucede, hijo? —preguntó.

Rolando simuló estar dormido, pero el papá sabía algo de esos engaños porque había probado a veces la misma treta cuando él era chico.

—Vamos, Rolando. Tú no estás durmiendo. ¿Qué pasa?

—Me siento enfermo —murmuró Rolando.

—Dame tu mano. Voy a tomarte el pulso.

Rolando le extendió la mano. El papá le tomó el pulso y notó algo.

—¿Qué tienes en los dedos, hijo?

Rolando metió la mano debajo de las cobijas.

—Nada, papá; pintura, creo.

—Déjame verte la lengua.

Rolando abrió la boca. El papá se inclinó muy cerca, mucho más cerca de lo necesario para mirarla. Entonces se enderezó, se alejó de la cama y fue hasta la silla donde estaban

las ropas de Rolando. Las tomó una por una y examinó cuidadosamente los bolsillos. Eran un revoltijo. Algunos de ellos contenían toda clase de objetos "valiosos": trozos de hilo, clavos, pañuelos sucios, caramelos medio derretidos, el corazón de una manzana y migajas de pan. Pero del fondo del bolsillo derecho del pantalón el papá sacó una cajita amarilla.

Regresó a donde estaba Rolando, que había quedado muy quieto y callado durante la búsqueda.

—Rolando, ¿por qué tienes estos fósforos en tu bolsillo?

—Para encender fuegos artificiales —dijo Rolando en voz baja.

—¿Estás seguro, Rolando? —dijo el padre muy solemnemente—. ¿Me estás diciendo la verdad?

Hubo un largo silencio.

—Dime —repitió el padre—, ¿es ésa la verdad?

—No —dijo Rolando con voz que casi no se oía.

—Yo sabía que no era —dijo el papá—. En cuanto vi tu mano y sentí tu aliento supe que habías estado fumando. ¿No es cierto?

—Sí; un muchacho de la escuela me desafió a probar —dijo Rolando, con las lágrimas corriéndole por las mejillas.

—¡Oh, Rolando! ¡Qué triste me siento! —dijo el padre—. Siempre deseé que tú nunca tuvieras que ver con ese horrible, sucio y destructivo hábito. En mi vida he fumado un cigarrillo y quería que mi hijo no tuviera nada que ver con esto.

—Yo sabía que no lo hiciste, papá, pero yo no quería hacerlo —dijo Rolando en medio de sus lágrimas.

—Estoy seguro de que no querías —dijo el padre—. Pero la próxima vez debes ser más fuerte para decir NO. Fumar no le hace bien a nadie. Arruina la salud, debilita el corazón y los pulmones, mancha las manos, da mal aliento y quema tu dinero. Además, cuando los jóvenes quedan apresados por el vicio del tabaco desean después usar drogas aún más fuertes. Entonces el resultado puede ser una salud débil, una mente arruinada, la prisión e incluso la muerte.

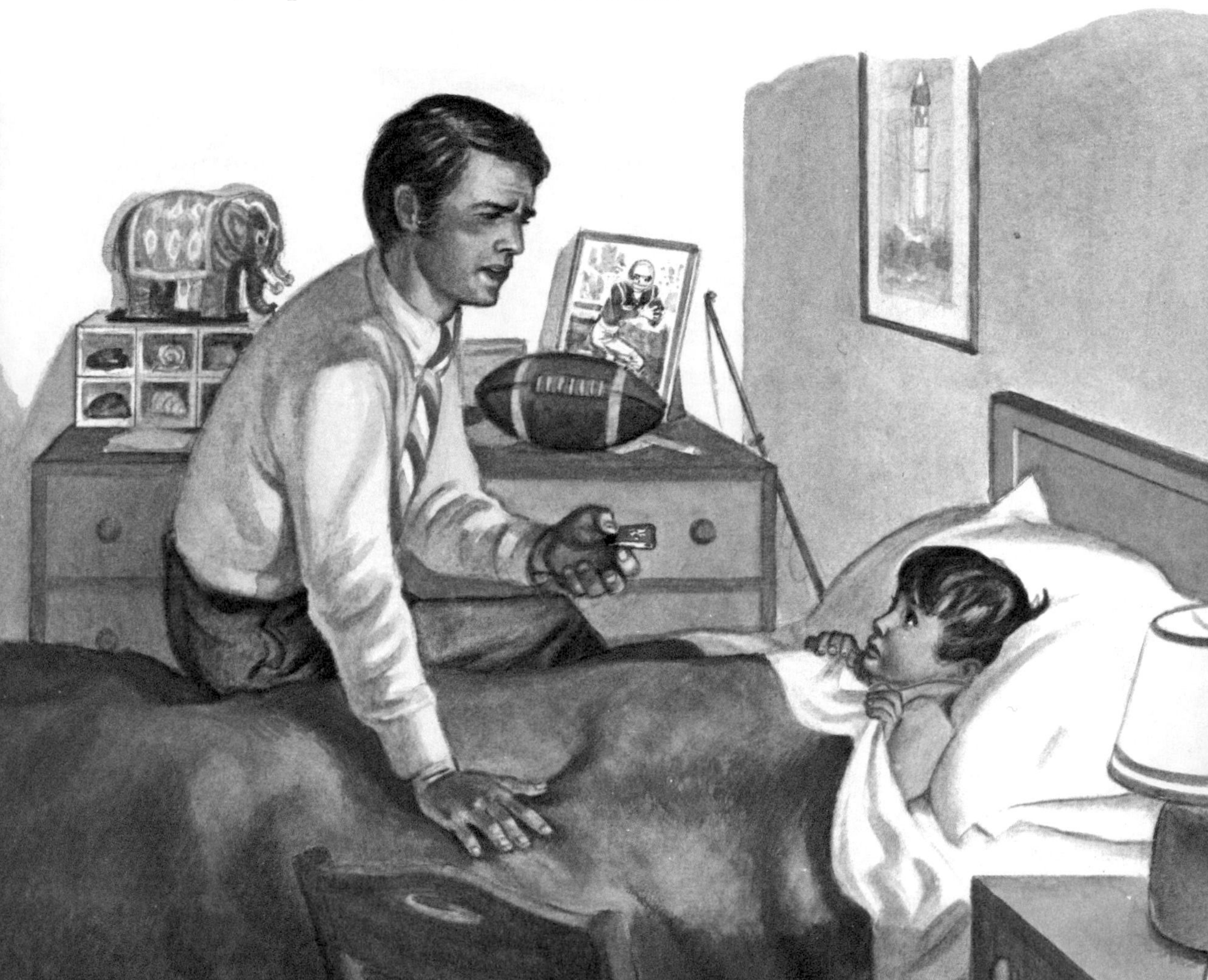

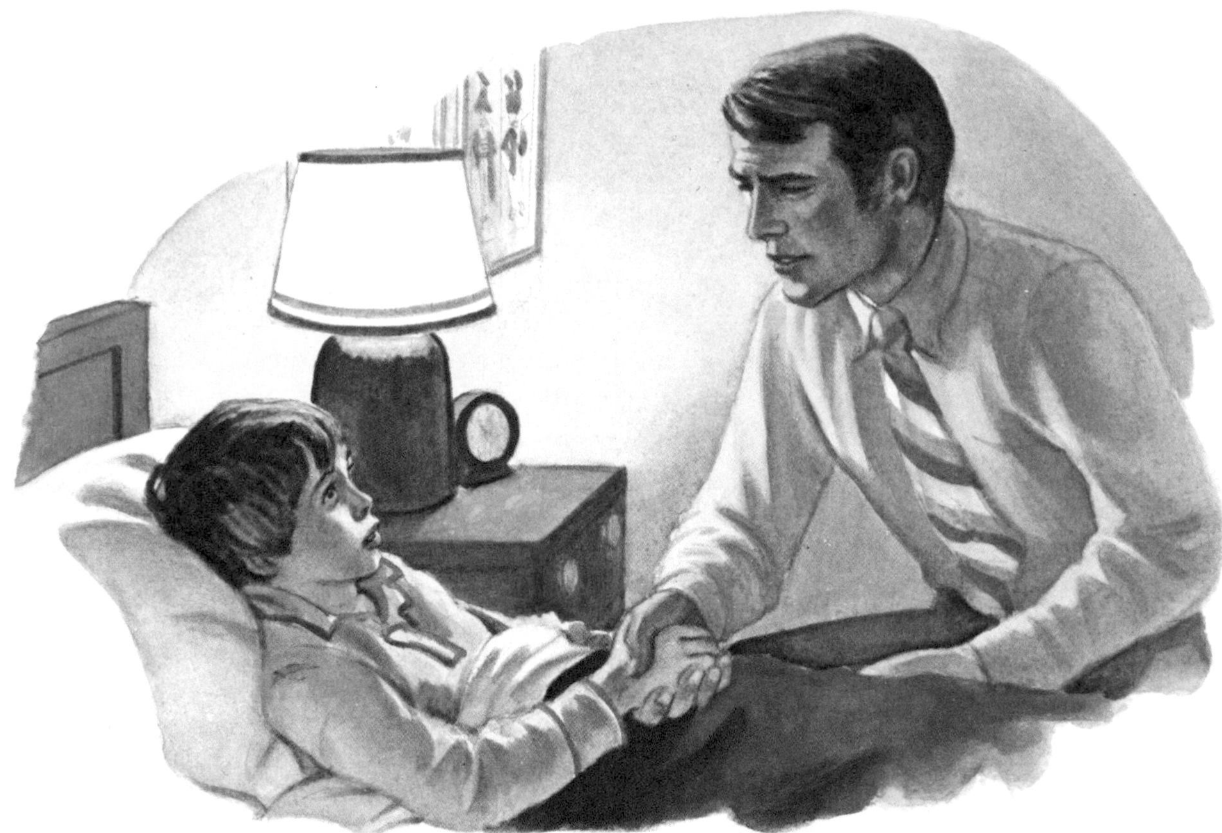

El papá hizo una pausa, y el silencio sólo era interrumpido por los hondos suspiros de Rolando y algún sollozo ocasional.

—Rolando —dijo el padre.

—Sí, papá.

—Quiero que me prometas una cosa.

—Sí, papá.

—Dame tu mano.

Rolando se la dio.

—Prométeme —dijo el padre, tomando la mano de Rolando en la suya—, prométeme que nunca vas a poner tabaco en tu boca otra vez.

—Lo prometo —dijo Rolando.

Se estrecharon con determinación las manos, como expresión de confianza, y la promesa quedó sellada.

HISTORIA **27**

Las Travesuras de Sultán

—AHORA, escuchen niños —dijo el papá, mandando a Pablo y a Yolanda al patio—. Sencillamente no puedo soportar más esto. Ustedes se quedarán afuera hasta que aprendan a no rezongar y a ser más corteses.

Y diciendo eso el papá volvió a la sala, se sentó cómodamente en su sillón favorito, extendió las piernas, y se dispuso a dormir.

Pablo y Yolanda sabían que merecían este castigo, y pronto estaban arrepentidos por haber molestado tanto al papá.

Por un rato no sabían qué hacer y caminaron en silencio sin rumbo de un lado a otro del patio.

—¡Ah, aquí viene Sultán! —dijo Pablo—. ¡Sultán, Sultán, Sultán! Viejo Sultán, ¿dónde estabas?

Sultán meneó la cola, como asegurándoles que de veras había sido un buen perro todo el tiempo que había estado ausente.

—¿Y no has corrido a ningún gato? —preguntó Yolanda.

Sultán sólo bostezó, y entonces meneó de nuevo la cola, como diciendo que él no haría nunca semejante cosa, aunque, para decir verdad, no había nada que despertara más la ira de Sultán que ver los bigotes de un gato.

—Se me ocurre una idea —dijo Pablo.

—Dímela —dijo Yolanda.

—Démosle un baño a Sultán; no ha tenido uno por mucho tiempo y está bastante sucio.

—Creo que va a ser divertido —dijo Yolanda—. Es mejor que no hacer nada. Tú busca el fuentón que está en el cobertizo y yo voy a entrar sin hacer ruido por la cocina a ver si encuentro una toalla y un pedazo de jabón.

—¡Bien! —exclamó Pablo—. ¿No será lindo, Sultán? Sultán tendrá un baño, ¿verdad? ¡Mi querido y viejo Sultán!

Nuevamente Sultán meneó la cola, aunque no lo hizo tan alegre como antes. A él no le gustaba que lo bañaran, y a veces se resistía vigorosamente. El perro miró con sospecha el fuentón mientras Pablo lo traía del cobertizo, y decidió que era tiempo de tomarse un paseíto por el jardín.

Yolanda pronto regresó, trayendo una toalla, una olla con agua caliente y jabón.

—¿Dónde está Sultán? —preguntó.

—Se escapó —dijo Pablo—. Tendremos que buscarlo.

—¡Sultán, Sultán! —llamó Yolanda.

Pero Sultán era un perro viejo e inteligente y adivinó lo que querían. Se alejó un poco más. Pablo y Yolanda lo siguieron y después de una activa persecución lo acorralaron en un rincón.

—¡Sultán malo! ¡Sultán malo! —dijo Pablo mientras lo arrastraba del collar hacia el cobertizo—. Sultán, no debes escaparte más. Te vamos a dar un lindo baño.

A Sultán no le gustó nada lo del baño. Dejó de menear la cola y sus ojos mostraron una extraña y decidida mirada.

Fue una tremenda tarea hacerlo entrar en el fuentón.

Pablo lo levantó por las patas delanteras y Yolanda por las traseras y juntos lo pusieron adentro. Pero mantenerlo allí era doble trabajo. Por un instante se quedó bastante quieto mientras Pablo le enjabonaba las orejas. Entonces, de repente, empezó a saltar y a salpicar agua por todas partes.

—¡Sujétalo, Pablo —gritó Yolanda—, o si no va a saltar fuera del fuentón!

—¿No ves que lo estoy sosteniendo todo lo que puedo? —dijo Pablo—. Tú sigue lavándolo.

Yolanda empezó a lavarlo mientras Pablo hacía todo lo posible para tenerlo dentro del fuentón. Ya había conseguido enjabonarlo enteramente, cuando sucedió algo inesperado.

Por un momento Sultán se había quedado muy quieto. Pareció olvidar que lo estaban bañando. Pero de repente vio algo allá en el jardín. Su lomo se puso tieso, su cola se enderezó, y con un fuerte "¡Guau!, ¡guau!" se soltó del collar, saltó del fuentón y se lanzó a correr.

—¡Deténlo! —gritó Yolanda impotente, enjugando el agua de su vestido y piernas.

—¡Nunca lo vas a poder detener! —dijo Pablo—. ¿No ves

 que allá está la gata de la señora Martín?

—¡Qué cosa! —exclamó Yolanda—. Espero que no le haga nada.

No había temor de eso, porque la gata había sido perseguida a menudo por Sultán y conocía bien todos los escondites tanto fuera como dentro de la casa.

—¡Oh, mira! —gritó Yolanda, mientras perro y gata corrían de aquí para allá entre los canteros de flores y entre los árboles y arbustos—. ¡Qué desastre está haciendo Sultán!

La niña estaba en lo cierto. Al cuerpo cubierto de jabón de Sultán se le habían pegado tierra, hojas y ramitas, hasta parecer como si nunca hubiera tenido un baño en su vida.

—Lo único que deseo es que papá no mire por la ventana hasta que hayamos lavado a este pícaro —dijo Pablo.

—Sí —dijo Yolanda.

Pero no había necesidad de preocuparse en cuanto al papá; él todavía dormía profundamente, sin saber lo que estaba sucediendo afuera.

—Ahora lo puedes alcanzar —dijo Yolanda cuando la ga-

tita dio una vuelta repentina y vino corriendo hacia ellos, con Sultán muy cerquita—. ¡Agárralo cuando pase!

Pero esto era más fácil decirlo que hacerlo. Pablo lo alcanzó a tomar, pero sus manos solamente apresaron una resbalosa mezcla de jabón y barro, y Sultán se le escapó más ligero que nunca.

—¡Mira! —gritó Yolanda—. ¡Mira adónde va la gata!

Como empezaba a cansarse, la gatita buscó un lugar seguro. En eso vio la ventana de la sala entreabierta. Con un poderoso salto subió a la ventana, entró y se deslizó debajo de un sillón.

Pablo y Yolanda contuvieron la respiración. ¿La seguiría Sultán? ¿Sería posible que saltara tan alto?

—¡Sultán! ¡Sultán! —gritaron los dos, esperando detenerlo.

Fue en vano. Con un salto como nunca había dado antes, Sultán se subió a la ventana y saltó a la sala. ¡El sucio, embarrado, enjabonado Sultán estaba en la sala!

Todo lo que sucedió después sería mejor no contarlo. Basta decir que Sultán, olvidando en presencia de su dueño el objeto de su persecución, saltó en su habitual manera amistosa sobre la persona que dormía en el sillón. Despertando sobresaltado, el papá sintió que sus manos tocaban una cosa extraña, caliente, peluda y enjabonada, echada sobre sus rodillas.

—¿Qué *podemos* hacer? —dijo Pablo—. Papá se va a enojar mucho con nosotros.

—Hay una sola cosa que podemos hacer —dijo Yolanda—. Entremos en seguida y digámosle que lo sentimos mucho.

—Muy bien —dijo Pablo—. Yo voy contigo.

Y entraron. Cuando llegaron a la sala, la puerta se abrió y Sultán salió, más rápido de lo que había entrado. El papá quedó adentro. Se lo veía muy serio. Su ropa se encontraba en un estado lamentable, toda cubierta de barro y jabón.

—Lo sentimos mucho —dijo Yolanda—. No pensamos que Sultán haría eso. Vamos a limpiar la sala y tus pantalones. Perdónanos, papá.

El papá primero miró a los dos niños, luego miró su propia ropa, y se puso a reír.

—¡Oh, ustedes son unos niños desobedientes! —dijo— pero tendré que perdonarlos una vez más.

Entonces Pablo y Yolanda lo abrazaron con más fuerza que nunca.

HISTORIA **28**

Jaime el Desdichado

JAIME creía que él era el muchacho más desdichado del mundo. Todo parecía salirle mal. Especialmente en este momento, cuando hacía unos pocos minutos su única bolita de vidrio había rodado hacia un desagüe.

Pero aparte de esto, había muchas cosas que lo hacían sentir desdichado. Una, era que pasaba mucho frío. Debería haber tenido medias gruesas y ropa interior abrigada; pero carecía de ellas porque no había suficiente dinero para comprarlas. El padre estaba sin trabajo.

Se sentía infeliz, además, porque tenía hambre. Habían pasado algunas horas desde la última comida, y el pan con mantequilla que había comido parecía haber desaparecido de su estómago. Mientras caminaba penosamente por las calles con las manos en los bolsillos, vio a muchos niños y niñas entrando en hermosos hogares para cenar; pero él sabía que tendría que subir la sucia y angosta escalera de su oscuro y atestado departamento para conseguir una mísera rodaja de pan duro.

Entonces pasó por una juguetería con luces brillantes y llena de todo lo que puede alegrar el corazón de un niño. Se

detuvo un momento y vio a otros niños y niñas que salían con paquetes envueltos con papel de color café debajo del brazo. Hundió su mano un poco más adentro en su bolsillo y tocó con los dedos su monedita una vez más, su última moneda. ¡Cómo hubiera querido poder comprar algo para llevarle a su hermanita, que estaba en cama tan enferma, algo que a ella realmente le gustara!

—¡Soy el muchacho más desdichado del mundo! —dijo para sí.

Pero al día siguiente su suerte cambió. Iba por la calle cuando una señora bien vestida lo detuvo y le habló.

—¿Te llamas Jaime Maciel? —le preguntó.

—Sí, señora —contestó Jaime, sorprendido, y preguntándose qué sucedería.

—Bueno —dijo la señora—, tenemos tu nombre en una lista en nuestra iglesia, y queremos que vengas a una fiesta de Navidad la semana próxima. Aquí está tu entrada.

—¡Oh! —dijo Jaime, no sabiendo qué otra cosa decir—. Pero, ¿y Juanita? Ella es mi hermana, ¿sabe? Ella tal vez esté mejor para entonces; debiera ir también.

—Temo que esta vez podamos tomar sólo uno de cada familia —dijo la señora amablemente—. Trataremos de invitar a Juanita la próxima vez.

—Bien, ésta es buena y mala suerte —se dijo Jaime mientras la señora se alejaba—. Buena para mí y mala para la pobre Juanita.

Entonces se le ocurrió una idea brillante: tal vez él podría dejar que Juanita fuera en su lugar. Miró su tarjeta. Se leía: "Se admite sólo al portador, Jaime Maciel.

—¡Mala suerte otra vez! —murmuró Jaime.

Así que Jaime fue a la fiesta. Por un tiempo olvidó todas sus tribulaciones. Todo era tan diferente, tan maravilloso. El nunca, nunca había tenido tanto para comer.

Después de la comida todos participaron en diversos juegos hasta que llegó el momento de distribuir los regalos del árbol de Navidad. ¡Qué entusiasmo hubo entonces, especialmente porque a cada niño se le permitía elegir lo que más quisiera!

Jaime apenas podía estar sentado quieto mientras miraba a los demás niños pasando frente a él. Sentía como si estuviera sobre alfileres y agujas. Había visto un juguete maravilloso, un camión rojo de bomberos colgado del árbol —algo que había querido toda su vida—; ¡y cómo esperaba, esperaba y *esperaba* que ningún otro lo pidiera primero!

Por fin —después de lo que le parecieron horas— le tocó a Jaime el turno de elegir.

—¡Jaime Maciel! —llamó la señora que estaba junto al árbol.

Jaime saltó de su asiento como un proyectil. Todo lo que él podía ver era el camión rojo. ¡Todavía estaba allí!

Cuando se aproximó a la señora, notó que era la misma que le había hablado en la calle y le había dado la entrada para la fiesta. Entonces se le ocurrió una idea.

—¿Qué quisieras recibir tú, Jaime? —preguntó la señora—. Puedes elegir cualquier cosa que te guste.

¡Qué ofrecimiento! Jaime apenas lo podía creer. Se paró y contempló el resplandeciente árbol cargado de juguetes. Una vez más sus ojos se fijaron en el camión de bomberos.

—Lo que más me gustaría —dijo mirando a la señora—, es

"Lo que más me gustaría —dijo Jaime mirando a la señora— es ese camión rojo; pero si a usted no le parece mal, me llevaré esa muñeca que está allí".

M. DE V. LEE © R. & H.

ese camión rojo; pero si a usted no le parece mal voy a llevar esa muñeca que está ahí.

Sus ojos se llenaron de lágrimas al decirlo; pero con gran resolución se mantuvo imperturbable.

De alguna manera la mujer pareció comprender, y sin decir palabra le entregó a Jaime la muñeca. Cuando él se retiraba, ella le estrechó la mano, e inclinándose, susurró:

—Dios te bendiga, Jaime.

Pero los otros niños no entendieron nada. Hubo risitas y gestos de desprecio, luego gritos y chillidos mientras le decían a todo el mundo que ¡Jaime había elegido una muñeca! Algunos de los niños le llamaron "¡Niñita!", y otros, riéndose decían:

—¡Imaginen a un muchacho eligiendo una muñeca!

Y las niñitas se quejaban:

—¡Esa era justo la muñeca que queríamos!

Jaime se sonrojó. No pudo evitarlo. Finalmente se sintió tan incómodo que se puso la gorra y se fue, con la muñeca debajo del brazo.

Durante todo el camino a su casa pensó en la mala suerte que parecía perseguirlo. Primero, había perdido el camión de bomberos, y segundo, se había burlado de él todo el grupo de niños.

—Yo soy el muchacho más desdichado... —comenzó. Entonces sintió la muñeca debajo del brazo. De inmediato sus pensamientos se animaron y apresuró el paso.

Pocos minutos después estaba en el pequeño y oscuro dormitorio donde Juanita permanecía en cama enferma.

—¡Me alegro tanto que hayas venido! —dijo Juanita—. Me sentía tan sola. ¿Qué tienes ahí? —preguntó, sentándose en la cama y mirando la muñeca con ojos ansiosos—. ¿Es eso para mí? ¡Oh, Jaime, Jaime, eres tan bueno!

Jaime olvidó toda su mala suerte. Un estremecimiento de alegría pasó por su cuerpo cuando vio el gozo de su hermanita.

En ese momento llamaron a la puerta. Era la señora de la iglesia.

—Lo que... —alcanzó a decir Jaime.

—Jaime, he venido para decirte cuánto siento que los niños hayan sido tan hirientes contigo esta tarde —interrumpió la señora—. Ellos están apenados también. Yo les expliqué por qué habías elegido la muñeca. Y me pidieron que trajera algo para ti. Aquí está. Ahora debo irme, porque se está haciendo tarde. ¡Buenas noches! —y se fue.

Jaime respiró anhelante y abrió el paquete.

¡Era el camión de bomberos!

Se puso a bailar alrededor de la cama de Juanita, riendo para sus adentros, y diciendo:

—¡Pero si soy el muchacho más dichoso del mundo!

HISTORIA **29**

Los Alfileres que Desinflaron a Billy

GUILLERMO ARNOLDO CORTES, conocido por los muchachos del pueblo como "Billy", era un niño inteligente, pero tenía un defecto. Se creía tanto que apenas le cabía el sombrero en la cabeza.

La habilidad de Billy en los juegos hacía de él el líder de los muchachos, pero secretamente ninguno lo quería porque siempre estaba jactándose de las maravillosas cosas que podía hacer. Nunca tenía tiempo para escuchar lo que los otros muchachos tenían que decir; siempre los interrumpía con algún relato de sus experiencias. Si alguno decía que había visto una rana muy grande, Billy agregaba:

—Eso no es nada; la semana pasada yo vi una mucho más grande que ésa.

Por fin los otros niños se cansaron de sus fanfarronadas, y empezaron a pensar cómo poner fin a esto. Como dijo Tomás Gálvez, Billy estaba tan inflado de orgullo como un globo, y ya era tiempo de que alguien le clavara un lindo y largo alfiler.

Pero cómo hacerlo era cuestión aparte. Algunos niños sugirieron zambullirlo en el río; pero Billy era un muchacho muy fuerte y ninguno de los otros quería correr el riesgo de una pelea con él. Entonces a Tomás se le ocurrió una idea feliz.

—Se me ocurre algo mejor que eso —dijo—. No estaría bien echarlo al río. Y de todos modos eso no le haría mucho bien. ¿Han pensado ustedes cuál es el problema con Billy?

Los otros se apiñaron alrededor.

—No, ¿qué es? —preguntaron. Estaban dispuestos a intentar cualquier cosa.

—Se los diré. Ustedes han notado cómo Billy parece ganar todos los juegos —dijo Tomás—. Ese es su problema; piensa que nosotros no valemos nada y que siempre nos puede derrotar. Estoy cansado de sus ideas de superioridad. Si queremos darle una lección, primero debemos aprender a jugar mejor nosotros.

—Es una idea juiciosa —dijo otro chico—. Si conseguimos que Billy pierda en todos los juegos por unas cuantas semanas, pronto va a cambiar.

—Tienes razón —dijo Tomás—, pero depende de nosotros el derrotarlo. ¿Por qué no practicamos algunos de nuestros juegos calladamente, y sorprendemos a Billy?

—Pero todos no podemos ganar —dijo un muchachito pálido y tímido—; y no veo cómo podemos practicar todos los juegos que conocemos.

—Por supuesto que cada uno no puede practicarlos todos —dijo Tomás—. No; pero uno o dos pueden practicar carreras, algunos salto, y otros las bolitas. Yo voy a practicar béisbol de tal manera que pueda sacarlo en la primera base la próxima vez que juguemos.

—¡Bravo! —gritaron los otros—. Hagámoslo.

La idea de Tomás ciertamente dio nueva vida a esos muchachos. Sus madres y maestros pronto empezaron a preguntarse qué sucedía con ellos, porque casi todos empezaron a practicar arduamente los juegos que habían escogido en su reunión secreta.

Billy también lo notó, pero no sospechó que todo ese esfuerzo estaba dirigido contra él. Con el pasar de los días, empezó a advertir los resultados del plan. En las carreras él siempre había sido capaz de mantener una fácil delantera, pero unos cuantos muchachos ahora comenzaron a correr parejo con él, y algunos lo pasaron. En vez de ganar siempre, aprendió lo que significaba perder.

Cuando llegó la competencia atlética de la escuela, "tantos alfileres fueron clavados" en Billy que quedó reducido casi al tamaño normal. Billy no se había molestado en practicar para ninguna de las pruebas porque se sentía muy seguro del triunfo. Los otros muchachos, en cambio, habían trabajado duramente con un propósito en vista, y ganaron. El pobre Billy no ganó ni una simple carrera.

Se sintió bastante mal por ello, pero estaba seguro de que podría recuperar su perdida reputación en el juego de béisbol que iba a venir después de las pruebas de atletismo, porque se enorgullecía de ser un buen bateador.

Este juego siempre era un gran acontecimiento, al menos según el parecer de los muchachos, porque se realizaba en el campo de béisbol de la ciudad, y siempre había muchos espectadores.

A Billy le tocaba empezar. Les dijo a los demás muchachos que iba a hacer por lo menos diez corridas, y que mejor pusieran el ojo en el reloj de la ciudad, porque iba a lanzar una pelota precisamente en medio de él. Entonces, llevando su bate con verdadera jactancia, se paseó a través del campo como si fuera un profesional. Pero para su gran sorpresa, Billy erró.

En el siguiente turno le tocaba primero a Tomás. Vio en seguida que su gran oportunidad había llegado. Después de todo lo que les

había dicho a los demás muchachos, sabía lo que debía hacer.

Tomás había estado practicando como bateador y como "catcher" o parador de la pelota cada mañana y tarde. Por la mañana, antes que el padre se fuera al trabajo, Tomás le pedía que fuera con él al terreno baldío contiguo a su casa para lanzarle unos cuantos tiros. Al final de las clases llevaba a uno de los compañeros para jugar con él. Y después de la cena, el padre le arrojaba algunos tiros más, hasta que el ojo y el movimiento sincronizaban casi perfectamente, y podía golpear fuerte la pelota tanto cuando describía una curva como cuando venía recta. Así que ahora se sentía realmente preparado para el gran partido.

Tomás fue hacia el cuadro del bateador con más seguridad que nunca antes. El "pitcher" o lanzador le arrojó un tiro rápido. Pero Tomás estaba listo y pudo hacer una corrida completa. Se esforzó mucho durante todo el juego, y pudo hacer dos corridas completas más.

En cambio Billy falló en hacer siquiera una corrida simple.

Al término del partido todos se agolparon alrededor de Tomás y lo proclamaron el héroe del día.

En cuanto a Billy, nadie hubiera pensado que era el mismo muchacho que había caminado tan confiadamente a través del campo un par de horas antes.

—¿Y qué pasó con el reloj de la ciudad? —susurró una vocecita.

—¿Y con aquellas diez corridas? —se aventuró una voz más atrevida entre los muchachos.

Pero Billy sólo se retiró con la cabeza gacha. Ese era el último "alfiler" que necesitaba que le pincharan. Nadie lo oyó nunca vanagloriarse otra vez.

HISTORIA **30**

Cuatro Frascos de Mermelada

MIGUEL y TOBIAS habían llegado hacía un momento a casa desde la gran ciudad. Estaban muy entusiasmados y cansadísimos, aun cuando no lo demostraban, porque habían pasado todo el día con la mamá recorriendo una magnífica exposición. ¡Cómo se habían divertido! Habían visto tantas cosas interesantes, que cuando comenzaron a contarle al papá lo mezclaron todo.

Entonces empezaron a traer los tesoros que habían reunido durante el día. Ambos tenían una colección de las más deliciosas pequeñas muestras que ustedes desearían ver: pedacitos de queso envueltos en papel plateado, paquetes de galletitas, cereales y, lo mejor de todo, cuatro delicados frasquitos de mermelada.

¡Oh, esos potes de mermelada! ¡Con qué exclamaciones de deleite los saludaban al desenvolverlos! Qué lindos parecían, puestos sobre la mesa con la luz brillando a través de ellos. Uno era de fresas, otro de albaricoques, uno de jalea de grosellas, y el cuarto de otra mermelada. A Miguel y Tobías les llevó bastante tiempo decidir cómo distribuirían los cuatro frascos, pero por fin Miguel estuvo de acuerdo en quedarse con el de fresas y el de albaricoques, y Tobías se quedó con la jalea de grosellas y la mermelada.

¡Qué fantástico tener dos potes íntegros de mermelada cada uno! Parecía demasiado maravilloso para ser verdad. Miguel y Tobías los colocaron al lado de sus platos a la hora de la cena a fin de poder contemplarlos. Por supuesto, no eran frascos muy grandes, pero para los dichosos y excitados ojos de Miguel y Tobías eran más preciosos que los más grandes frascos del armario de la mamá.

Durante toda la hora de la comida hablaron acerca de estos cuatro apreciados frasquitos de mermelada, cómo los consiguieron, y qué iban a hacer con ellos. Estaban bien seguros de que irían comiendo toda la mermelada ellos solos, y que si probaban cada día sólo una cucharadita, los frascos les iban a durar semanas y semanas.

La cena casi había terminado cuando el papá dijo algo que trastornó un poco las cosas.

—¡Pobre papá! —dijo, como si hablara consigo mismo en muy desconsolado tono de voz—. ¡Pobre papá! El nunca tiene un frasco entero de mermelada para sí solo. Nunca nadie le da nada. ¡Pobre papá!

Miguel y Tobías dejaron de hablar. Los dos miraron al papá sorprendidos, preguntándose si él realmente pensaba lo que estaba diciendo. Luego miraron sus preciosos potes.

—Aquí tienes, papá —dijo Miguel—, toma mi frasco de mermelada de fresas.

—¡Mi querido muchacho! —dijo el papá—. No quiero tu mermelada. Era sólo una broma.

—Pero es para ti —dijo Miguel, poniendo el frasquito de mermelada con un golpecito frente al plato del papá—. Ves, a mí todavía me queda el de albaricoques.

A esto, el papá estaba observando a Tobías con el rabillo del ojo.

La lucha era más fuerte para Tobías. Estaba respirando profundamente y mirando con fijeza a uno de los frasquitos y luego al otro. Levantó el de mermelada, lo puso otra vez sobre la mesa, entonces levantó el de jalea de grosellas. Su carita mostraba que se estaba librando una gran batalla dentro de él.

—Papá —dijo al fin—. Creo que yo te voy a dar uno de mis potes. Puedes tener el de la jalea de grosellas. —Y lo colocó al lado del plato del padre.

—Mis queridos, preciosos hijos —dijo el padre—. No necesito comer esas deliciosas mermeladas; pero estoy complacido de que me las dieran. Lo recordaré siempre.

HISTORIA 31

La Lanchita de Motor de Enrique

EL GRAN sueño de Enrique se había realizado. Por años y años, así le parecía, Enrique había suspirado por una verdadera lancha de motor, una que anduviera por sí sola sin tener que darle cuerda; y ahora por fin la tenía. Esa mañana su tío se la había traído como regalo de cumpleaños.

¡Qué felicidad!

Primero que todo, por supuesto, había tenido que probarla en la bañera, sólo para ver si realmente marcharía. Pero después que Enrique la vio levantar vapor e ir de un lado al otro de la bañera una veintena de veces, no pudo quedar tranquilo hasta llevarla al lago.

—Vas a ser cuidadoso, ¿verdad? —dijo la mamá.

—Por supuesto —prometió Enrique.

—Y asegúrate de estar de vuelta a las seis.

—Sí, mamá.

Y se fue.

¡Qué diversión tuvo! Qué emocionante fue poner su lanchita en el agua y hacer arrancar el motor.

La lanchita se alejó a través del lago, mientras Enrique corría alrededor descalzo para encontrarse con ella en la otra orilla. Tan entusiasmado estaba que hasta caminó dentro del

agua para recibirla. Dándola vuelta, la envió nuevamente, esta vez hacia un punto distinto.

El tiempo pasa rápidamente cuando uno está contento, y Enrique no se dio cuenta de cómo las horas se deslizaban. Sin embargo, al fin, las sombras que se alargaban lo volvieron a la realidad, y detuvo a un transeúnte para preguntarle la hora.

—Son las cinco y media.

—¡Uf! —exclamó Enrique—. Tendré que irme pronto. Justo hay tiempo para un viaje más.

¡Pero cuán a menudo sucede que, uno más, realmente resulta muchos más!

Por lo menos, eso le ocurrió al pobre Enrique. Para el último viaje decidió mandar la lanchita en el trayecto más largo posible. Si llegaba al punto propuesto, pensó, estaría muy cerca del sendero que lo conducía hacia el hogar. De ese modo, arguyó, realmente iba a ganar tiempo si hacía del último viaje el más largo.

Y se alejó la lancha a motor en su travesía "transatlántica", con los encantados ojos de Enrique siguiéndola en cada centímetro de trayecto.

—¡Ya está en la mitad del viaje! —murmuró para sí mismo.

Entonces su corazón pareció detenerse. La lancha se había parado. Qué sucedía, no podía decirlo. Tal vez la había usado demasiado tiempo en una tarde; tal vez necesitaba combustible; tal vez, horrible pensamiento, se había enredado en algunos juncos. El pobre Enrique no sabía. Se quedó ahí en la orilla con los ojos fijos en la lancha, esperando contra toda esperanza que empezara a marchar otra vez. Pero no se movió. Llegó a convencerse de que se había enredado en algo. ¿Cómo podía hacerla volver? Lejos, a la distancia, oyó el silbato de una fábrica.

—Ese es el silbato de las seis menos cinco —se dijo—, y yo debo estar en casa a las seis.

¡Pobre Enrique! ¿Qué haría? Debía cumplir su promesa a la mamá, como siempre lo había hecho; pero si se iba, alguien podría con seguridad apoderarse de la lanchita antes que él

¡Qué emocionante era poner la lanchita en el agua y verla alejarse echando vapor!

V. NYE

pudiera regresar. En su desesperación se internó dentro del agua tanto como se animó, pero halló que repentinamente se tornaba muy hondo a sólo unos pocos metros de la orilla y tuvo que regresar.

Nuevamente miró a su lanchita balanceándose silenciosamente hacia arriba y hacia abajo en el medio del lago. Entonces pensó en la hora.

—¡Oh!, ¿qué haré? —se preguntó.

No había alrededor nadie a quien pudiera acudir por ayuda, porque los pocos que habían estado allí en la tarde ya se habían ido a su casa. De repente acudió a su mente un inusitado pensamiento. Algunos de ustedes podrán sonreír cuando les diga lo que era. Era la música de un himno que había cantado en la iglesia pocos días antes. Pronto recordó las palabras.

"¡Oh qué amigo nos es Cristo!
El sintió nuestra aflicción
y nos manda que llevemos
todo a Dios en oración".

—Pero —pensó Enrique—, seguramente Jesús no está interesado en mi lanchita de motor.

Casi sonrió ante la idea. Entonces, en su desesperada ansiedad dijo:

—¿Por qué no? Tal vez lo esté.

Y ahí mismo, a la orilla del lago, Enrique cerró los ojos por unos segundos y le pidió a Jesús que cuidara de su lanchita mientras él corría a casa para cumplir la promesa que le había hecho a su madre.

Dirigiendo una última, amorosa mirada a su preciosa lancha, se dio vuelta y corrió a casa tan rápidamente como pudo.

Estuvo unos pocos minutos tarde, pero la madre no dijo nada, porque vio de inmediato que él estaba muy turbado. Cuando supo que hasta había dejado su lancha en el lago a fin de cumplir su promesa, se sintió muy orgullosa de él.

—Después de cenar —le dijo ella—, vamos a ir los dos, aunque esté oscuro, a ver qué podemos hacer con una cuerda.

No les llevó mucho tiempo la cena, puedo asegurarles, y a eso de las siete y media Enrique y su madre estaban en camino de regreso al lago, con una linterna y suficiente cuerda para atravesarlo.

Cuando llegaron, una pálida luna se estaba levantando, derramando sus rayos sobre las silenciosas aguas.

Ansiosamente ambos forzaron sus ojos, esperando vislumbrar un reflejo de la lanchita.

—Estaba allá —dijo Enrique—, precisamente en el medio.

—No la puedo ver —dijo la mamá.

—Tampoco yo —dijo Enrique preocupado.

—Tal vez cuando la luna se eleve un poco más... —comentó la mamá con un tono de aliento.

—No —dijo Enrique desconsoladamente—, se ha ido. Yo sé justamente dónde estaba. Debe haberse hundido.

Caminaron alrededor de todo el lago, esperando que por casualidad hubiera sido llevada por la corriente a la orilla. Pero en ningún lugar había rastro de ella.

—No vale la pena seguir buscando —suspiró Enrique—. Vámonos a casa.

Y en su corazón dijo:

—¿Y cuál fue la ventaja de pedirle a Jesús que la cuidara?

¡Tan, tan! Fuertes y cercanos pasos sobresaltaron a los dos.

—¡Buenas! —llamó una voz profunda—. ¿Qué están haciendo aquí en la oscuridad?

Era el cuidador.

—Perdí mi lanchita de motor esta tarde —dijo Enrique—, y mamá y yo hemos regresado para buscarla.

—¿La han encontrado? —preguntó el hombre más amablemente.

—No, no la hemos encontrado —contestó Enrique.

—No pueden esperar encontrarla en la oscuridad. Es tarde ahora. Mejor síganme.

Algo extraño en el tono de su voz revivió las esperanzas de Enrique.

Se dieron vuelta y siguieron.

Pronto llegaron a un viejo cobertizo para botes. El cuidador se detuvo, sacó un manojo de llaves, y abrió la puerta.

—Señora, traiga su linterna aquí —dijo.

Cuando la madre se la alcanzó, ¡la luz cayó sobre la preciosa lancha!

—¡Ahí está, ahí está! —exclamó Enrique—. ¿Cómo la sacó del lago?

—Con mi bote —dijo el cuidador. La vi enredada en los juncos y adiviné que algún chico estaría buscándola. Así que remé hasta allá y la traje.

—¡Muchas, muchísimas gracias! —dijeron Enrique y su madre al darle las buenas noches al cuidador. Y se apresuraron a dirigirse al hogar. Enrique apretaba la lancha como si hubiera peligro de perderla otra vez.

Y en el camino su corazón elevó una silenciosa oración de gratitud al Amigo que nunca olvida un pedido, y que aun contesta la petición de un niño por su lancha.

HISTORIA **32**

Un Niño los Guiará

USTEDES pueden pensar que ésta es una historia inventada, pero no lo es. Es absolutamente verídica. Conozco muy bien a los niñitos protagonistas, por cierto, y fue la madre de ellos quien me la contó.

Por supuesto los nombres no son reales. No puedo decirles los verdaderos nombres, ¿no les parece? Así que llamaré Donaldo al niño y Margarita a la niña. Margarita tenía cinco años y Donaldo ocho y medio.

Sucedió que un día, cuando la mamá estaba limpiando el comedor, arrojó al fuego una vieja tarjeta de Navidad. Era una muy vieja, que le había sido enviada a Margarita por lo menos cuatro años antes.

Sin embargo, apenas comenzaba a arder, cuando Margarita empezó a hacer un alboroto.

—Esa es mi tarjeta de Navidad —gritó—. Tú no debías haberla quemado. Yo la he guardado todo este tiempo, y la quiero.

—Pero era una tarjeta tan sucia —dijo la mamá, procurando arreglar el asunto—. Y ha estado tanto tiempo dando vueltas que pensé que tú no la querías más.

—¡Pero por supuesto que la quería! —gritó Margarita,

poniéndose más enojada—. Debías haber sabido que yo la querría. ¿Por qué tienes que quemar mis cosas?

La madre trató serenamente de explicarle a Margarita que ella tenía una cantidad de otras tarjetas, las cuales ya no tenían mucho valor, y que muy pronto vendría otra Navidad, cuando sus amigos probablemente le enviarían muchas más.

Pero Margarita rehusó razonar, y comenzó a llamar a su madre con algunos nombres muy hirientes. Entonces la madre probó otro método para ayudar a su hijita. Los vecinos deben haberse preguntado qué estaría sucediendo en la casa contigua. Exactamente lo que sucedió lo dejaré a la imaginación de ustedes, pero puedo decirles que muy poco después una niñita llorosa se hallaba arriba, en su dormitorio, entre las sábanas.

Donaldo ya estaba en cama también, y cuando la madre los besó a ambos para darles las buenas noches y salió de la pieza,

él empezó a hablar. La madre, en las escaleras, se detuvo a escuchar.

—Margarita —dijo Donaldo—, tú debes ser una buena niña y dormir.

—No puedo dormir —dijo Margarita—. He sido muy mala, y no quiero que mamá me pegue otra vez.

—Sí, hermana —dijo Donaldo, con simpatía y sabiduría superior a sus años—, tú has sido muy mala, y esto me ha hecho sentir tan triste y dolorido, pero si tú hicieras una corta oración, todo saldría bien.

—Pero yo no sé qué decir —balbuceó Margarita, entre lágrimas y sollozos que sacudían su cuerpecito.

—Si quieres, Margarita, te ayudaré —dijo Donaldo—, y tú puedes ir repitiéndola después de mí. ¿Quieres?

—Sí.

Hubo una pausa. Entonces Donaldo empezó:

—Querido Señor Jesús. Ahora, Margarita, repítelo después de mí.

—Querido Señor Jesús —repitió Margarita.

"Si tú hicieras una corta oración, todo saldría bien", le dijo Donaldo a su hermanita.

R. HARLAN

—Ayúdame a no ser mala —dijo Donaldo.

—Ayúdame a no ser mala —repitió Margarita.

—Perdóname por haberme enojado tanto esta noche.

Los sollozos aumentaron, y por un rato Margarita no habló. Al fin repitió:

—Perdóname por haberme enojado tanto esta noche.

—Y hazme una niñita buena —continuó Donaldo.

—Y hazme una niñita buena —repitió Margarita.

—Y por favor límpiame de todos mis pecados. En el nombre de Jesucristo. Amén —dijo Donaldo.

Margarita repitió después de él.

—¿Eso es todo, Donaldo? —preguntó.

—Sí, eso es todo —dijo Donaldo—; ahora no llores más. Sabes, la hoja que tú arruinaste en tu libro del cielo —donde los ángeles escriben todo lo que hacemos— ha sido totalmente tachada con algo así como un lápiz rojo, *muy rojo*, y ha sido cubierta toda la escritura acerca de tus malas travesuras, y nadie jamás podrá leer sobre ellas otra vez. Eso es justamente lo que Jesús hace cuando estamos arrepentidos y le pedimos que nos perdone. ¿No estás contenta, Margarita?

—¡Oh, sí, Donaldo! Me siento mejor ahora. ¿Y mamá no me va a pegar más?

—No, Margarita, por supuesto que no. Tú le has pedido a Jesús que te haga buena, y si somos buenos, mamá y papá son felices, y nunca tendrán que pegarnos —le explicó—. ¿No te parece?

—Sí —dijo Margarita.

—Buenas noches —dijo Donaldo.

—Buenas noches Donaldo —dijo Margarita—. Estoy tan contenta de que todo está arreglado ahora.

Entonces hubo silencio, mientras la madre suavemente bajaba las escaleras con lágrimas en los ojos y alegría en el corazón, feliz de saber que sus queridos hijitos ya habían hallado un amigo en Jesús, y estaban aprendiendo tan pronto a depositar sus cargas sobre el Señor.

HISTORIA 33

Tres Cantos Maravillosos

¿DE QUE mejor manera podríamos terminar este libro sino refiriéndonos a la historia de los cantos angélicos?

¿Están ustedes quietecitos y callados? Espero que sí, porque deseo que puedan oír estos cantos en toda su gloria.

Ahora permitan que su imaginación vuele a través de los años, muchos, muchos años atrás, antes que ustedes hubieran nacido, antes que papá hubiera nacido, antes que la abuelita hubiera nacido, antes que hubiese autos o autobuses o casas o iglesias; sí, antes que hubiera gatos o perros o caballos, y aun antes que hubiese flores o árboles. Y ahora, en medio de la quietud y la oscuridad, levantémonos en silencio y reverencia y observemos a Dios creando el mundo.

De repente una Voz, majestuosa y musical, resuena a través de la extensión del espacio: "¡Sea la luz!" La oscuridad se desvanece y la luz brilla sobre la vastedad de las aguas. Otra vez se oye la Voz, y el cielo es creado, y la tierra seca se levanta de entre las aguas, la hierba crece sobre los valles y las montañas, y los árboles surgen: manzanos, ciruelos, perales, y todos los hermosos árboles del bosque. De nuevo y de nuevo se oye la Voz; los peces aparecen en el mar, las aves surcan el

aire y los animales son creados sobre la tierra: vacas, ovejas, cabras, leones, tigres, elefantes y jirafas. Son creados repentinamente, no requiriendo millones de años, como algunos dicen. Cada acto de la creación fue hecho en un instante.

Finalmente la tierra parece un hermoso hogar, con apacibles lagos y ríos, altos árboles y bonitas flores. ¡Qué glorioso lugar debe haber sido, cuando salió lozano de las manos de Dios! ¡Cuánto me hubiera gustado haberlo visto!, ¿y a ustedes? ¡Qué dulces manzanas deben haber crecido en aquellos primeros árboles frutales, qué deliciosas naranjas, bananas, melocotones y uvas! Y qué hermosas deben haber sido esas primeras delicadas flores, los primeros botones de oro, las primeras margaritas, los primeros magníficos claveles, las primeras rosas, y los primeros lirios blancos como la nieve.

Y cuando al fin todo estuvo terminado, era tan hermoso

como el gran Dios del cielo pudo hacerlo. Y a continuación
dijo: "Hagamos al hombre a nuestra imagen, conforme a nuestra semejanza". Entonces del polvo de la tierra, con su maravilloso poder creador, Dios formó al primer hombre y a la primera mujer, padre y madre de todos los pueblos del mundo. No los hizo primero como monos, como algunas personas dicen, para luego transformarlos en hombres. Este es un error que comete la gente que duda de la historia de la creación. No, la Biblia nos dice: "Y creó Dios al hombre a su imagen, a imagen de Dios lo creó" (Génesis 1: 27).

Y entonces, repentinamente, mientras el hombre y la mujer vivientes estaban de pie, altos y hermosos, mirando con ojos alegres y ansiosos el maravilloso hogar que Dios había hecho para ellos, todo el cielo rompió en un canto. Con gran fervor los ángeles habían observado cada paso en el proceso de la creación, y ahora, en este supremo momento, prorrumpieron en un coro de adoración y alabanza a Dios. "Cuando alababan todas las estrellas del alba, y se regocijaban todos los hijos de Dios" (Job 38: 7).

¿Los podéis oír cantar? ¡Cómo el poderoso sonido surge a través del cielo y retumba alrededor de las nubes! Elevándose y bajando conforme el viento lleva la melodía aquí y allá, crece más fuerte y más profundo y más rico hasta alcanzar su clímax, y ellos cantan: "Santo, santo, santo, Jehová de los

ejércitos; toda la tierra está llena de su gloria" (Isaías 6: 3).

Cuánto tiempo cantaron no lo sé, pero estoy seguro de que cuando finalmente Adán y Eva cayeron, y el pecado vino a estropear su bello hogar, los ángeles deben haber llorado con desconsuelo. Y cuando vieron que la gente del mundo se volvía más y más malvada y desobediente con el pasar de los años, su dolor debe haber sido verdaderamente profundo. Ya no había más regocijo en el cielo, y hallaban su único consuelo en la promesa de que un día su amado Líder descendería a la tierra, y de algún modo recuperaría lo que se había perdido y tornaría el corazón de los hombres a Dios.

El siguiente canto maravilloso fue entonado cuando ocurrió el nacimiento de Jesús, mucho tiempo después. ¿Les pareció a los ángeles que esperaron mucho? Tal vez. De todas maneras, ellos se habrán preguntado cómo y cuándo la promesa habría de cumplirse. Por fin llegó la gran hora que ellos habían anhelado y esperado por tanto tiempo. Para su asombro y admiración vieron a su Líder bajar a la tierra, no con poder y gloria sino como un pequeño bebé, para crecer como niño entre los niños, como hombre entre los hombres. No podían entenderlo, pero tenían confianza de que su camino era el mejor.

Ansiosamente siguieron cada detalle del plan. Entonces, una noche, los ángeles se reunieron cerca de Belén en decenas de miles, y cuando la maravillosa nueva de que Jesús al fin había nacido les llegó como un relámpago, sus corazones se estremecieron de gozo. Debían decirlo a alguien; así que se aparecieron a los pastores en el campo, las únicas personas que estaban despiertas a esa hora.

"No temáis —dijo Gabriel—; porque he aquí os doy nuevas de gran gozo, que será para todo el pueblo: que os ha nacido hoy, en la ciudad de David, un Salvador, que es CRISTO el Señor" S. Lucas 2: 10 y 11).

Y entonces ante los ojos de los atónitos pastores apareció la gloriosa visión de los ángeles del cielo, y oyeron una música

Los pastores oyeron que los ángeles cantaban: "¡Gloria a Dios en las alturas, y en la tierra paz, buena voluntad para con los hombres!"

B. PLOCKHORST

Zingaro

angelical como nadie jamás había escuchado antes.

"¡Gloria a Dios en las alturas, y en la tierra paz, buena voluntad para con los hombres!" (S. Lucas 2: 14).

"¡Gloria! ¡Gloria!", ¿podéis oírlos cantar? ¡Cómo la gloriosa melodía repercute de montaña en montaña y se extiende hasta los más lejanos confines del espacio! "¡Gloria! ¡Gloria!" Más fuerte y más fuerte crece el canto de alabanza, hasta que parece que todo el cielo y la tierra deben oírlo. Entonces va declinando y declinando, cada vez más tenue, hasta que la visión se desvanece, y los pastores son dejados nuevamente solos con sus rebaños y las estrellas.

Casi dos mil años han pasado desde entonces. ¡Dos mil años! ¡Cuánto tiempo han tenido que esperar los ángeles para ver realizados sus sueños! Jesús no salvó al mundo inmediatamente, como ellos esperaban. El no se exaltó a sí mismo como rey ni reinó sobre la tierra. En lugar de ello, permitió que lo llevaran a la cruz. Y todo el tiempo los ángeles tuvieron que permanecer allí y ver a su amado Líder maltratado y escarnecido y golpeado y muerto. ¡Cuántas veces habrán querido intervenir y salvarlo de sus enemigos! Y cuando en una ocasión él le dijo a la gente que si quería podía llamar a doce legiones de ángeles para ayudarle, ¡cuánto habrán deseado éstos que él lo hiciera!

Pero no, Jesús fue a la cruz y murió, porque sabía que era el único camino para llevar de nuevo al hombre a Dios.

Muchas veces durante su vida terrenal Jesús dijo a sus discípulos que después de su sacrificio los dejaría y regresaría de nuevo algún día. Aun les mencionó algunas señales que se verían, para que supieran cuándo estaba por regresar. Estoy seguro de que los ángeles escucharon cada palabra, y que han estado guardando esta promesa en sus corazones. Durante estos dos mil años han estado esperando las señales prometidas, y han estado anhelando el día en que su Señor y Maestro vuelva a la tierra para completar sus maravillosos planes en favor de aquellos que lo reciban.

Mucha gente, de diferentes partes del mundo, oye y acepta la invitación de Jesús. ¿Y tú?

Y ellos están observando en los países alrededor de todo el mundo para ver qué niños y niñas y hombres y mujeres se están preparando para encontrar a Jesús cuando regrese.

Algún día —y ya no puede estar muy lejano— Jesús regresará; y cuando venga, se nos dice, "todos los ángeles" vendrán con él. ¡Qué maravillosa escena será! Tal vez ustedes y yo estemos vivos para verlo. ¿Quién lo sabe? Y entonces, junto con los ángeles, iremos al cielo para ver todas las hermosas cosas que Dios ha preparado para aquellos que le aman.

Y en aquel glorioso día sonará en nuestros oídos tal música cual nunca hemos oído: el tercer canto maravilloso.

Escuchemos el canto de triunfo de los ángeles. Este es el canto que ellos han estado esperando poder cantar durante mucho tiempo. Sus sentimientos reprimidos hallarán por fin libertad en este gran coro. ¡Escuchemos! Los magníficos acordes de la melodía están acercándose a nosotros ahora mismo: "Al que está sentado en el trono, y al Cordero, sea la alabanza, la honra, la gloria y el poder, por los siglos de los siglos" (Apocalipsis 5: 13). Porque Jesús ha ganado la batalla contra el pecado y la enfermedad y la muerte.

Finalmente todo lo que es malo e impío quedará atrás y será destruido. Para siempre jamás todo será hermoso, y todos serán felices. Nunca más habrá allí alguna querella o pelea o palabras hirientes. Eternamente habrá paz y gozo y felicidad. Por siempre jamás Jesús estará con sus hijos y ellos con él.

¿No quisieran ustedes unirse al magnífico canto y vivir en aquel glorioso hogar? Yo quiero. Hagamos planes para encontrarnos allá, ¿los haremos? Y asegúrense de estar preparados para cuando Jesús venga.

12c
7c